KT그룹
온라인 종합적성검사

최종모의고사 5회분 + 무료KT특강

시대에듀

2024 하반기 시대에듀 All-New KT그룹 온라인 종합적성검사 최종모의고사 5회분 + 무료KT특강

Always **with you**

사람의 인연은 길에서 우연하게 만나거나 함께 살아가는 것만을 의미하지는 않습니다.
책을 펴내는 출판사와 그 책을 읽는 독자의 만남도 소중한 인연입니다.
시대에듀는 항상 독자의 마음을 헤아리기 위해 노력하고 있습니다. 늘 독자와 함께하겠습니다.

머리말 PREFACE

KT그룹은 1981년 창립되었으며, 2002년 민영화되어 대한민국 정보통신을 선도해 왔다. 창립 당시 450만 회선에 불과했던 전화시설을 12년 만에 2,000만 회선으로 확대하였으며, 아시아 최초의 첨단 인터넷망과 위성통신망 구축, 대한민국 최초 통신 위성인 '무궁화호' 발사 등을 통해 우리나라를 정보통신 선진국 대열에 올려놓는 데 기여하였다.

앞으로도 KT그룹은 음성과 데이터, 유선과 무선, 통신과 방송이 융합하는 컨버전스(Convergence) 시대에 최고의 서비스 품질과 기술력을 확보하여 세계 시장을 선도하고 사회적 · 환경적 차원에서도 기업의 책임을 성실히 이행하여 신뢰와 사랑을 받는 기업이 되도록 노력할 것이다.

KT그룹은 채용절차에서 지원자가 업무에 필요한 역량을 갖추고 있는지를 평가하기 위해 KT그룹 온라인 종합인적성검사를 실시하여 맞춤인재를 선발하고 있다. KT그룹 온라인 종합인적성검사는 인성검사와 적성검사로 구성되어 있으며, 2022년 상반기부터 온라인으로 시행되고 있다.

이에 시대에듀에서는 KT그룹 온라인 종합적성검사를 준비하는 수험생들이 시험에 효과적으로 대비할 수 있도록 다음과 같은 특징의 본서를 출간하게 되었다.

도서의 특징

1. 언어/언어 · 수추리/수리/도형 총 4개 영역으로 구성된 최종모의고사 3회분을 수록하여 시험 직전 자신의 실력을 최종적으로 점검할 수 있도록 하였다.
2. 전 회차에 도서 동형 온라인 실전연습 서비스를 제공하여 실제로 온라인 시험에 응시하는 것처럼 연습할 수 있도록 하였다.
3. 온라인 모의고사 2회분을 더해 부족한 부분을 추가적으로 학습해 볼 수 있도록 하였다.

끝으로 본서를 통해 KT그룹 입사를 준비하는 여러분 모두에게 합격의 기쁨이 있기를 진심으로 기원한다.

SDC(Sidae Data Center) 씀

KT그룹 이야기 INTRODUCE

◇ **비전**

고객의 보다 나은 미래를 만드는 AI 혁신 파트너

KT의 유무선 통신과 AX 역량으로 고객이 필요로 하는 가치를 제공하여
고객의 더 발전된 미래를 만드는 데 기여한다.

◇ **핵심가치**

고객

고객의 니즈 충족과 문제 해결을 위해 치열하게 고민하고 새로운 고객 경험을 제시한다.

역량

고객의 문제를 해결하고 고객이 원하는 혁신을 가장 잘할 수 있도록 전문성을 높인다.

실질

본업인 통신과 ICT를 단단히 하고 화려한 겉모습보다 실질적인 성과를 추구한다.

화합

다름을 인정하되 서로 존중하고 합심해 함께 목표를 이뤄간다.

◇ **인재상**

기본과 **원칙**에 충실하고 **고객 가치** 실현을 위해
끊임없이 **소통**하며 근성을 가지고 **도전**하는 KT인

▶ 시련과 역경에 굴하지 않고 목표를 향해 끊임없이 도전하여 최고의 수준을 달성한다.

▶ 변화와 혁신을 선도하여 차별화된 서비스를 구현한다.

▶ 동료 간 적극적으로 소통하여 서로의 성장과 발전을 위해 끊임없이 노력한다.

▶ KT그룹의 성공을 위해 상호 협력하여 시너지를 창출한다.

▶ 모든 업무 수행에 있어 고객의 이익과 만족을 먼저 생각한다.

▶ 고객을 존중하고, 고객과의 약속을 반드시 지킨다.

▶ 회사의 주인은 나라는 생각으로 자부심을 갖고 업무를 수행한다.

▶ 윤리적 판단에 따라 행동하며 결과에 대해 책임을 진다.

신입사원 채용 안내 INFORMATION

◇ 채용시기

수시채용으로 진행되며 계열사별로 여건에 따라 채용일정 및 방식이 다를 수 있음

◇ 지원자격

❶ 정규 4년제 대학 졸업(예정)자
❷ 남성의 경우, 병역 필 또는 면제자
❸ 해외여행/체류에 결격사유가 없는 자

◇ 채용절차

| 지원서 접수 | 서류전형 | 인적성검사 | 실무면접 | 임원면접 | 채용검진 | 최종합격 |

지원서 접수	KT 채용홈페이지(recruit.kt.com)를 통해 온라인 지원서 작성 및 접수
서류전형	지원자격 보유 여부 확인 및 자기소개서를 통한 잠재역량 평가
인적성검사 및 실무면접	지원자의 인성과 적성이 KT그룹의 조직과 인재상에 부합하는지 종합적으로 평가
임원면접	지원자의 자질, 인성 및 태도 등 종합적으로 평가
채용검진	지정된 기관을 통해 건강검진을 진행

◇ 기타사항

❶ 최종 배치부서는 회사의 인력계획을 고려하여 결정
❷ 신입 채용 최종합격자에게는 학위나 경력에 관계없이 동일한 신입사원 처우를 제공
❸ 취업보호 대상자(보훈)는 관련 법령 및 내부 기준에 의거하여 우대

❖ 채용절차는 채용유형, 채용직무, 채용시기 등에 따라 변동될 수 있으므로 반드시 발표되는 채용공고를 확인하기 바랍니다.

온라인 시험 Tip TEST TIP

◇ **필수 준비물**
 ❶ 신분증 : 주민등록증, 외국인등록증, 여권, 운전면허증 중 하나
 ❷ 그 외 : 휴대폰, 휴대폰 거치대, 노트북, 웹캠, 노트북/휴대폰 충전기

◇ **온라인 종합인적성검사 프로세스**
 ❶ 전형 안내사항 확인
 ❷ 응시자 매뉴얼 숙지/검사 프로그램 설치
 ❸ 사전점검 진행(지정 기한 내)
 ❹ 본 검사 응시

◇ **유의사항**
 ❶ 오답 감점이 있으므로 모르는 문제는 찍지 말고 놔두는 것이 좋다.
 ❷ 필기도구는 일절 사용이 불가하다(프로그램 내 메모장 및 계산기 사용 가능).
 ❸ 터치스크린 노트북은 사용이 불가하다.

◇ **알아두면 좋은 TIP**
 ❶ 원활한 시험 진행을 위해 삼각대와 책상 정리가 필요하다.
 ❷ 개인용 핫스팟은 사용이 불가하며 네트워크 연결 이상 여부를 잘 확인해야 한다.
 ❸ PC 전원공급 상태를 확인하고, 배터리 충전기는 미리 꽂아두어야 한다.
 ❹ 각종 전자기기는 전원 종료 후 손에 닿지 않는 곳에 치워두어야 한다.
 ❺ KT그룹의 인성검사를 위해 KT그룹의 인재상에 대해 숙지해둔다.

이 책의 차례 CONTENTS

문 제 편   KT그룹 온라인 종합적성검사

제1회 KT그룹 온라인 종합적성검사   **2**

제2회 KT그룹 온라인 종합적성검사   **50**

제3회 KT그룹 온라인 종합적성검사   **100**

해 설 편   정답 및 해설

제1회 KT그룹 온라인 종합적성검사 정답 및 해설   **2**

제2회 KT그룹 온라인 종합적성검사 정답 및 해설   **17**

제3회 KT그룹 온라인 종합적성검사 정답 및 해설   **31**

OMR 답안지

제1회
KT그룹
온라인 종합적성검사

〈쿠폰번호〉

도서 동형 온라인 모의고사(3회분 수록)	ASUM-00000-B4695

〈문항 및 시험시간〉

KT그룹 온라인 종합적성검사		
영역	문항 수	영역별 제한시간
언어	20문항	20분
언어·수추리	20문항	25분
수리	20문항	25분
도형	15문항	20분

※ 해당 모의고사는 2024년 상반기 기출을 토대로 구성한 모의고사로 실제 문제와 다소 차이가 있을 수 있으며, 본 저작물의 무단전재 및 복제를 금합니다.

제1회 모의고사

문항 수 : 75문항
시험시간 : 90분

※ 다음 제시된 문장을 논리적 순서대로 바르게 나열한 것을 고르시오. **[1~4]**

01

(가) 하지만 예를 들면, 얼룩말들은 근처에 큰 고양이과 전시장에 있는 사자의 냄새를 매일 맡으면서도 도망 갈 수 없기 때문에 항상 두려움 속에 산다.

(나) 이러한 문제 때문에 동물원 생활은 동물들의 가장 깊이 뿌리박혀 있는 생존 본능과 완전히 맞지 않는다.

(다) 1980년대 이래로 동물원들은 콘크리트 바닥과 쇠창살을 풀, 나무, 물웅덩이로 대체하면서 동물들의 자연 서식지를 재현해 주려고 노력해 왔다.

(라) 이런 환경들은 야생을 흉내 낸 것일 수 있지만, 동물들은 먹이와 잠자리, 포식동물로부터의 안전에 대해 걱정할 필요가 없게 되었다.

① (나) – (라) – (다) – (가)
② (다) – (가) – (라) – (나)
③ (다) – (라) – (가) – (나)
④ (라) – (다) – (가) – (나)
③ (라) – (다) – (나) – (가)

02

(가) 친환경 농업은 최소한의 농약과 화학비료만을 사용하거나 전혀 사용하지 않은 농산물을 일컫는다. 친환경 농산물이 각광받는 이유는 우리가 먹고 마시는 것들이 우리네 건강과 직결되기 때문이다.

(나) 사실상 병충해를 막고 수확량을 늘리는 데 있어, 농약은 전 세계에 걸쳐 관행적으로 사용되고 있다. 깨끗이 씻어도 쌀에 남아있는 잔류농약을 완전히 제거하기는 어렵다. 잔류농약은 아토피와 각종 알레르기를 유발한다. 출산율을 저하하고 유전자 변이의 원인이 되기도 한다. 특히 제초제 성분이 체내에 들어올 경우, 면역체계에 치명적인 손상을 일으킨다.

(다) 미국 환경보호청은 제초제 성분의 60%를 발암물질로 규정했다. 결국 더 많은 농산물을 재배하기 위한 농약과 제초제 사용이 오히려 인체에 치명적인 피해를 줄지 모를 '잠재적 위험요인'으로 자리매김한 셈이다.

① (가) – (나) – (다)
② (나) – (가) – (다)
③ (나) – (다) – (가)
④ (다) – (가) – (나)
⑤ (다) – (나) – (가)

03

(가) 이번에 개소한 은퇴연구소는 연구조사팀, 퇴직연금팀 등 5개 팀 외에 학계 인사와 전문가로 구성된 10명 내외의 외부 자문위원단도 포함된다.

(나) 은퇴연구소를 통해 일반인들의 안정된 노후준비를 돕는 지식 기반으로서 은퇴 이후의 건강한 삶에 대한 다양한 정보를 제공하는 쌍방향의 소통 채널로 적극 활용할 계획이다.

(다) A회사는 우리나라의 급격한 고령화 진전 상황에 따라 범사회적으로 바람직한 은퇴준비의 필요성을 부각하고 선진형 은퇴설계 모델의 개발과 전파를 위한 국내 최대 규모의 '은퇴연구소'를 개소했다.

(라) 마지막으로 은퇴연구소는 은퇴 이후의 생활에 대한 의식과 준비 수준이 아직 선진국에 비해 크게 취약한 우리의 인식 변화를 위해 사회적 관심과 참여를 유도할 계획이다.

① (가) – (나) – (라) – (다)   ② (나) – (가) – (라) – (다)
③ (다) – (가) – (나) – (라)   ④ (다) – (나) – (라) – (가)
⑤ (라) – (다) – (가) – (나)

04

(가) 그래서 부모나 교사로부터 영향을 받을 가능성이 큽니다.

(나) 이는 성인이 경험을 통해서 자신의 판단력을 향상시킬 수 있는 데 비해 청소년은 그럴 기회가 별로 없기 때문입니다.

(다) 대다수 청소년은 정치적 판단 능력이 성숙하지 않습니다.

(라) 따라서 청소년에게 정치적 판단에 대한 책임을 지우기 전에 이를 감당할 수 있도록 돕는 것이 우선이라고 봅니다.

① (다) – (가) – (나) – (라)   ② (다) – (가) – (라) – (나)
③ (다) – (나) – (라) – (가)   ④ (다) – (라) – (가) – (나)
⑤ (다) – (라) – (나) – (가)

05

> 헤르만 헤세는 어느 책이 유명하다거나 그것을 모르면 수치스럽다는 이유만으로 그 책을 무리하게 읽으려는 것은 참으로 그릇된 일이라 했다. 그는 이어서, "그렇게 하기보다는 모든 사람은 자기에게 자연스러운 면에서 읽고, 알고, 사랑해야 할 것이다. 어떤 사람은 학생 시절에 벌써 아름다운 시구에 대한 사랑을 내면에서 발견할 수 있으며, 어떤 사람은 역사나 자기 고향의 전설에 마음이 끌린다. 또는 우리의 감정이 정밀하게 연구되고 뛰어난 지성으로써 해석된 것에 매력을 느끼며 행복한 독서를 할 수 있을 것이다."라고 말한 바 있다.

① 문학 작품을 많이 읽으면 정서 함양에 도움이 된다.
② 학생 시절에 고전과 명작을 많이 읽어 교양을 쌓아야 한다.
③ 남들이 읽어야 한다고 말하는 책보다 자신이 읽고 싶은 책을 읽는 것이 좋다.
④ 자신이 속한 사회의 역사나 전설에 관한 책을 읽으면 애향심을 기를 수 있다.
⑤ 독서는 우리의 감정을 정밀하게 연구하고 해석해 행복감을 준다.

06

> 발전된 산업 사회는 인간을 단순한 수단으로 지배하기 위해 새로운 수단을 발전시키고 있다. 여러 사회 과학과 심층 심리학이 이를 위해 동원되고 있다. 목적이나 이념의 문제를 배제하고 가치 판단으로부터의 중립을 표방하는 사회 과학들은 인간 조종을 위한 기술적·합리적인 수단을 개발해 대중 지배에 이바지한다. 마르쿠제는 이런 발전된 산업 사회에서의 도구화된 지성을 비판하면서 이것을 '현대인의 일차원적 사유'라고 불렀다. 비판과 초월을 모르는 도구화된 사유라는 것이다.
>
> 발전된 산업 사회는 이처럼 사회 과학과 도구화된 지성을 동원해 인간을 조종하고 대중을 지배할 뿐만 아니라 향상된 생산력을 통해 인간을 매우 효율적으로 거의 완전하게 지배한다. 즉 발전된 산업 사회는 높은 생산력을 통해 늘 새로운 수요들을 창조하고 모든 선전 수단을 동원하여 이러한 새로운 수요들을 인간의 삶을 위해 불가결한 것으로 만든다. 그리하여 인간이 새로운 수요들을 지향하지 않을 수 없게 한다. 이렇게 산업 사회는 늘 새로운 수요의 창조와 공급을 통해 인간의 삶을 지배하고 그의 인격을 사로잡아 버리는 것이다.

① 산업 사회에서 도구화된 지성의 문제점
② 산업 사회의 발전과 경제력 향상
③ 산업 사회의 특징과 문제점
④ 산업 사회의 대중 지배 양상
⑤ 산업 사회의 새로운 수요의 창조와 공급

대부분의 사람들이 주식 투자를 하는 목적은 자산을 증식하는 것이지만, 항상 이익을 낼 수는 없으며 이익에 대한 기대에는 언제나 손해에 따른 위험이 동반된다. 이러한 위험을 줄이기 위해서 일반적으로 투자자는 포트폴리오를 구성하는데, 이때 전반적인 시장 상황에 상관없이 나타나는 위험인 '비체계적 위험'과 시장 상황에 연관되어 나타나는 위험인 '체계적 위험' 두 가지를 동시에 고려해야 한다.

비체계적 위험이란 종업원의 파업, 경영 실패, 판매의 부진 등 개별 기업의 특수한 상황과 관련이 있는 것으로 '기업 고유 위험'이라고도 한다. 기업의 특수 사정으로 인한 위험은 예측하기 어려운 상황에서 돌발적으로 일어날 수 있는 것들로, 여러 주식에 분산투자함으로써 제거할 수 있다. 즉, 어느 회사의 판매 부진에 의한 투자 위험은 다른 회사의 판매 신장으로 인한 투자 수익으로 상쇄할 수가 있으므로, 서로 상관관계가 없는 종목이나 분야에 나누어 투자해야 한다. 따라서 여러 종목의 주식으로 이루어진 포트폴리오를 구성하는 경우, 그 종목 수가 증가함에 따라 비체계적 위험은 점차 감소하게 된다.

반면에 체계적 위험은 시장의 전반적인 상황과 관련한 것으로, 예를 들면 경기 변동, 인플레이션, 이자율의 변화, 정치 사회적 환경 등 여러 기업들에게 공통적으로 영향을 주는 요인들에서 기인한다. 체계적 위험은 주식 시장 전반에 관한 위험이기 때문에 비체계적 위험에 대응하는 분산투자의 방법으로도 감소시킬 수 없으므로 '분산 불능 위험'이라고도 한다.

그렇다면 체계적 위험에 대응할 수 있는 방법은 없을까? '베타 계수'를 활용한 포트폴리오 구성에 의해 투자자는 체계적 위험에 대응할 수 있다. 베타 계수란 주식 시장 전체의 수익률의 변동이 발생했을 때 이에 대해 개별 기업의 주가 수익률이 얼마나 민감하게 반응하는가를 측정하는 계수로, 종합주가지수의 수익률이 1% 변할 때 개별 주식의 수익률이 몇 % 변하는가를 나타낸다. 베타 계수는 주식 시장 전체의 변동에 대한 개별 주식 수익률의 민감도로 설명할 수 있는데, 만약 종합주가지수의 수익률이 1% 증가(또는 감소)할 때 어떤 주식 A의 수익률이 0.5% 증가(또는 감소)한다면, 주식 A의 베타 계수는 0.5가 된다. 이때, 주식 B의 수익률은 2% 증가(또는 감소)한다면 주식 B의 베타 계수는 2가 된다. 그러므로 시장 전체의 움직임에 더욱 민감하게 반응하는 것은 주식 B이다.

따라서 투자자는 주식 시장이 호황에 진입할 경우 베타 계수가 큰 종목의 투자 비율을 높이는 반면, 불황이 예상되는 경우에는 베타 계수가 작은 종목의 투자 비율을 높여 위험을 최소화할 수 있다.

① 비체계적 위험과 체계적 위험의 사례 분석
② 비체계적 위험을 활용한 경기 변동의 예측 방법
③ 비체계적 위험과 체계적 위험을 고려한 투자 전략
④ 종합주가지수 변동에 민감한 비체계적 위험의 중요성
⑤ 주식 시장이 호황에 진입할 경우 바람직한 투자 방향

08

일반적으로 소비자들은 합리적인 경제 행위를 추구하기 때문에 최소 비용으로 최대 효과를 얻으려 한다는 것이 소비의 기본 원칙이다. 그들은 '보이지 않는 손'이라고 일컬어지는 시장 원리 아래에서 생산자와 만난다. 그러나 이러한 일차적 의미의 합리적 소비가 언제나 유효한 것은 아니다. 생산보다는 소비가 화두가 된 소비 자본주의 시대에 소비는 단순히 필요한 재화 그리고 경제학적으로 유리한 재화를 구매하는 행위에 머물지 않는다. 최대 효과 자체에 정서적이고 사회 심리학적인 요인이 개입하면서 이제 소비는 개인이 세계와 만나는 다분히 심리적인 방법이 되어버린 것이다. 곧 인간의 기본적인 생존 욕구를 충족시켜 주는 합리적 소비 수준에 머물지 않고 자신을 표현하는 상징적 행위가 된 것이다. 이처럼 오늘날의 소비 문화는 물질적 소비 차원이 아닌 심리적 소비 형태를 띠게 된다.

소비 자본주의의 화두는 과소비가 아니라 '과시 소비'로 넘어간 것이다. 과시 소비의 중심에는 신분의 논리가 있다. 신분의 논리는 유용성의 논리, 나아가 시장의 논리로 설명되지 않는 것들을 설명해 준다. 혈통으로 이어지던 폐쇄적 계층 사회는 소비 행위에 대해 계급에 근거한 제한을 부여했다. 먼 옛날 부족 사회에서 수장들만이 걸칠 수 있었던 장신구에서부터 제아무리 권문세가의 정승이라도 아흔아홉 칸을 넘을 수 없던 집이 좋은 예이다. 권력을 가진 자는 힘을 통해 자기의 취향을 주위 사람들과 분리시킴으로써 경외감을 강요하고 그렇게 자기 취향을 과시함으로써 잠재적 경쟁자들을 통제한 것이다.

가시적 신분 제도가 사라진 현대 사회에서도 이러한 신분의 논리는 여전히 유효하다. 이제 개인은 소비를 통해 자신의 물질적 부를 표현함으로써 신분을 과시하려 한다.

① '보이지 않는 손'에 의한 합리적 소비의 필요성
② 소득을 고려하지 않은 무분별한 과소비의 폐해
③ 계층별 소비 규제의 필요성
④ 신분사회에서 의복 소비와 계층의 관계
⑤ 소비가 곧 신분이 되는 과시 소비의 원리

09 다음은 키덜트(Kidult)에 대한 글이다. 이에 대한 설명으로 적절하지 않은 것은?

> 키덜트란 키드와 어덜트의 합성어로 20 ～ 40대의 어른이 되었음에도 불구하고 여전히 어린이의 분위기와 감성을 간직하고 추구하는 성인들을 일컫는 말이다. 한때 이들은 책임감 없고 보호받기만을 바라는 '피터팬증후군'이라는 말로 표현되기도 하였으나, 이와 달리 키덜트는 각박한 현대인의 생활 속에서 마음 한구석에 어린이의 심상을 유지하는 사람들로 긍정적인 이미지를 가지고 있다.
> 이들의 특징은 무엇보다 진지하고 무거운 것 대신 유치하고 재미있는 것을 추구한다는 점이다. 예를 들면 대학생이나 직장인들이 귀여운 인형을 가방이나 핸드폰에 매달고 다니는 것, 회사 책상 위에 인형을 올려놓는 것 등이다. 키덜트들은 이를 통해 얻은 영감이나 에너지가 일에 도움이 된다고 한다.
> 이렇게 생활하면 정서 안정과 스트레스 해소에 도움이 된다는 긍정적인 의견이 나오면서 키덜트 특유의 감성이 반영된 트렌드가 유행하고 있다. 기업들은 키덜트족을 타깃으로 하는 상품과 서비스를 만들어내고 있으며 엔터테인먼트 쇼핑몰과 온라인 쇼핑몰도 쇼핑과 놀이를 동시에 즐기려는 키덜트족의 욕구를 적극 반영하고 있는 추세이다.

① 키덜트의 나이도 범위가 존재한다.

② 피터팬증후군과 키덜트 단어는 혼용된다.

③ 키덜트는 현대사회와 밀접한 관련이 있다.

④ 키덜트의 행위가 긍정적인 영향을 끼치기도 한다.

⑤ 키덜트도 시장의 수요자의 한 범주에 속한다.

10

온갖 사물이 뒤섞여 등장하는 사진들에서 고양이를 틀림없이 알아보는 인공지능이 있다고 해보자. 그러한 식별 능력은 고양이 개념을 이해하는 능력과 어떤 관계가 있을까? 고양이를 실수 없이 가려내는 능력이 고양이 개념을 이해하는 능력의 필요충분조건이라고 할 수 있을까?

먼저, 인공지능이든 사람이든 고양이 개념에 대해 이해하면서도 영상 속의 짐승이나 사물이 고양이인지 정확히 판단하지 못하는 경우는 있을 수 있다. 예를 들어, 누군가가 전형적인 고양이와 거리가 먼 희귀한 외양의 고양이를 보고 "좀 이상하게 생긴 족제비로군요."라고 말했다고 해보자. 이것은 틀린 판단이지만, 그렇다고 그가 고양이 개념을 이해하지 못하고 있다고 평가하는 것은 부적절한 일일 것이다.

이번에는 다른 예로 누군가가 영상자료에서 가을에 해당하는 장면들을 실수 없이 가려낸다고 해보자. 그는 가을이라는 개념을 이해하고 있다고 보아야 할까? 그 장면들을 실수 없이 가려낸다고 해도 그가 가을이 적잖은 사람들을 왠지 쓸쓸하게 하는 계절이라든가, 농경문화의 전통에서 수확의 결실이 있는 계절이라는 것 혹은 가을이 지구 자전축의 기울기와 유관하다는 것 등을 반드시 알고 있는 것은 아니다. 심지어 가을이 지구의 1년을 넷으로 나눈 시간 중 하나를 가리킨다는 사실을 모르고 있을 수도 있다. 만일 가을이 여름과 겨울 사이에 오는 계절이라는 사실조차 모르는 사람이 있다면, 우리는 그가 가을이라는 개념을 이해하고 있다고 인정할 수 있을까? 그것은 불합리한 일일 것이다.

가을이든 고양이든 인공지능이 그런 개념들을 충분히 이해하는 것은 영원히 불가능하다고 단언할 이유는 없다. 하지만 우리가 여기서 확인한 점은 개념의 사례를 식별하는 능력이 개념을 이해하는 능력을 함축하는 것은 아니고, 그 역도 마찬가지라는 것이다.

① 다양한 형태의 크고 작은 상자들 가운데 정확하게 정사각형의 상자를 찾아낸다면, 정사각형의 개념을 이해한 것이라고 볼 수 있다.
② 인간과 동물의 개념을 명확하게 이해하고 있다면, 동물과 인간을 실수 없이 구별해야 한다.
③ 영상자료에서 가을의 장면을 제대로 가려내지 못한 사람은 가을의 개념을 명확히 이해하지 못한 사람이다.
④ 인공지능이 자동차와 사람의 개념을 제대로 이해했다면, 영상 속의 자동차를 사람으로 착각할 리 없다.
⑤ 날아가는 비둘기를 참새로 오인했다고 해서 비둘기 개념을 이해하지 못하고 있다고 평가할 수는 없다.

11

조선 후기의 대표적인 관료 선발 제도 개혁론인 유형원의 '공거제'는 능력주의적, 결과주의적 인재 선발의 약점을 극복하려는 의도와 함께 신분적 세습의 문제점도 의식한 것이었다. 중국에서는 17세기 무렵 관료 선발에서 세습과 같은 봉건적인 요소를 부분적으로 재도입하려는 개혁론이 등장했다. 고염무는 관료제의 상층에는 능력주의적 제도를 유지하되 지방관인 지현들은 어느 정도의 검증 기간을 거친 이후 그 지위를 평생 유지시켜 주고 세습의 길까지 열어 놓는 방안을 제안했다. 황종희는 지방의 관료가 자체적으로 관리를 초빙해서 시험한 후에 추천하는 '벽소'와 같은 옛 제도를 되살리는 방법으로 과거제를 보완하자고 주장했다.

이러한 개혁론은 갑작스럽게 등장한 것이 아니었다. 과거제를 시행했던 국가들에서는 수백 년에 걸쳐 과거제를 개선하라는 압력이 있었다. 시험 방식이 가져오는 부작용들은 과거제의 중요한 문제였다. 치열한 경쟁은 학문에 대한 깊이 있는 학습이 아니라 합격만을 목적으로 하는 형식적 학습을 하게 만들었고 많은 인재들이 수험 생활에 장기간 매달리면서 재능을 낭비하는 현상도 낳았다. 또한 학습 능력 이외의 인성이나 실무 능력을 평가할 수 없다는 이유로 시험의 익명성에 대한 회의도 있었다.

과거제의 부작용에 대한 인식은 과거제를 통해 임용된 관리들의 활동에 대한 비판적 시각으로 연결되었다. 능력주의적 태도는 시험뿐 아니라 관리의 업무에 대한 평가에도 적용되었다. 세습적이지 않으면서 몇 년의 임기마다 다른 지역으로 이동하는 관리들은 승진을 위해서 빨리 성과를 낼 필요가 있었기에 지역 사회를 위해 장기적인 전망을 가지고 정책을 추진하기보다 가시적이고 단기적인 결과만을 중시하는 부작용을 가져왔다. 개인적 동기가 공공성과 상충되는 현상이 나타났던 것이다. 공동체 의식의 약화 역시 과거제의 부정적 결과로 인식되었다. 과거제 출신의 관리들이 공동체에 대한 소속감이 낮고 출세 지향적이기 때문에 세습엘리트나 지역에서 천거된 관리에 비해 공동체에 대한 충성심이 약했던 것이다.

① 과거제 출신의 관리들은 공동체에 대한 소속감이 낮고 출세 지향적이었다.

② 고염무는 관료제의 상층에는 세습제를, 지방관에게는 능력주의적 제도를 실시하자는 방안을 제안했다.

③ '벽소'는 과거제를 없애고자 등장한 새로운 제도이다.

④ 과거제는 학습 능력 이외의 인성이나 실무 능력까지 정확하게 평가할 수 있는 제도였다.

⑤ 과거제를 통해 임용된 관리들은 지역 사회를 위해 장기적인 전망을 가지고 정책을 추진하였다.

※ 다음 글의 내용으로 적절하지 않은 것을 고르시오. [12~13]

12

사람의 눈이 원래 하나였다면 세계를 입체적으로 지각할 수 있었을까? 입체 지각은 대상까지의 거리를 인식하여 세계를 3차원으로 파악하는 과정을 말한다. 입체 지각은 눈으로 들어오는 시각 정보로부터 다양한 단서를 얻어 이루어지는데 이를 양안 단서와 단안 단서로 구분할 수 있다.

양안 단서는 양쪽 눈이 함께 작용하여 얻어지는 것으로 양쪽 눈에서 보내오는 시차(視差)가 있는 유사한 상이 대표적이다. 단안 단서는 한쪽 눈으로 얻을 수 있는 것인데, 사람은 단안 단서만으로도 이전의 경험으로부터 추론에 의하여 세계를 3차원으로 인식할 수 있다. 망막에 맺히는 상은 2차원이지만 그 상들 사이의 깊이의 차이를 인식하게 해 주는 다양한 실마리들을 통해 입체 지각이 이루어진다.

동일한 물체가 크기가 다르게 시야에 들어오면 우리는 더 큰 시각(視角)을 가진 쪽이 더 가까이 있다고 인식한다. 이렇게 물체의 상대적 크기는 대표적인 단안 단서이다. 또 다른 단안 단서로는 '직선 원근'이 있다. 우리는 앞으로 뻗은 길이나 레일이 만들어 내는 평행선의 폭이 좁은 쪽이 넓은 쪽보다 멀리 있다고 인식한다. 또 하나의 단안 단서인 '결 기울기'는 같은 대상이 집단적으로 어떤 면에 분포할 때, 시야에 동시에 나타나는 대상들의 연속적인 크기 변화로 얻어진다. 예를 들어 들판에 만발한 꽃을 보면 앞쪽은 꽃이 크고 뒤로 가면서 서서히 꽃이 작아지는 것으로 보이는데 이러한 시각적 단서가 쉽게 원근감을 일으킨다.

어떤 경우에는 운동으로부터 단안 단서를 얻을 수 있다. '운동 시차'는 관찰자가 운동할 때 정지한 물체들이 얼마나 빠르게 움직이는 것처럼 보이는지가 물체들까지의 상대적 거리에 대한 실마리를 제공하는 것이다. 일례로 기차를 타고 가다 창밖을 보면 가까이에 있는 나무는 빨리 지나가고 멀리 있는 산은 거의 정지해 있는 것처럼 보인다.

① 세계를 입체적으로 지각하기 위해서는 단서가 되는 다양한 시각 정보가 필요하다.

② 단안 단서에는 물체의 상대적 크기, 직선 원근, 결 기울기, 운동 시차 등이 있다.

③ 사고로 한쪽 눈의 시력을 잃은 사람은 입체 지각이 불가능하다.

④ 대상까지의 거리를 인식할 수 있어야 세계를 입체적으로 지각할 수 있다.

⑤ 이동하는 차 안에서 창밖을 보면 가까이에 있는 건물이 멀리 있는 건물보다 더 빨리 지나간다.

13

과학 기술에 의한 기적이 나타나지 않는다면, 우리 인간이 지구상에서 이용할 수 있는 자연 자원과 생활공간은 제한된 것으로 받아들여야 할 것이다. 그렇다면 공간을 이용할 때에 우리는 두 가지 한계점을 설정하지 않을 수 없다.

첫째, 우리는 이 지구상에서 생물이 서식할 수 있는 전체 공간의 제한성을 전제로 하고 그 중에서 인간이 이용할 수 있는 생활공간의 한계를 깨뜨리지 않는 범위 안에서만 인간의 생활공간을 확장시켜 나가야 한다. 이렇게 되면 제한된 공간을 어떻게 나누어서 이용하느냐가 중요한 문제가 되므로 '적정 공간'이라는 개념이 중요한 의미를 갖게 된다. 우리 인간이 차지할 수 있는 전체 생활공간도 생태학적으로 적정 공간이 되어야 할 뿐 아니라 개인이 차지할 수 있는 공간도 적정 공간의 한계를 벗어나서는 안 된다는 뜻이다.

둘째, 절대적 생활공간의 한계가 함께 문제가 되는 것은 자연 자원의 한계이므로 우리는 이 문제에서도 공간 이용에 관한 한계점을 설정할 필요가 있다. 지금까지 대부분의 생물들이 살아온 공간이란 태양의 열과 빛, 맑은 공기, 물, 그리고 흙을 이용할 수 있는 자연 환경이었다. 이와 같이 자연 자원에 의존하는 생활공간을 '자연 공간'이라고 한다면, 과학 기술을 이용한 인간의 생활공간에는 비자연적인 것이 많다. 인공적인 난방 장치, 냉방 장치, 조명 장치, 환기 장치, 상수도 및 하수도 시설에 절대적으로 의존하는 공간이 모두 그런 것이다.

① 인간은 공간 이용에 관한 한계를 설정할 필요가 있다.
② 인간이 지구상에서 이용할 수 있는 자연 자원은 제한되어 있다.
③ 인간이 생활공간을 이용할 때 필요 이상의 공간을 차지해서는 안 된다.
④ 공간 활용을 위해 생명체가 서식할 수 없는 공간을 개척하는 것이 중요하다.
⑤ 과학기술을 이용한 인간의 생활공간은 대부분 비자연적인 것이다.

14 다음 글을 읽고 레드 와인의 효능으로 적절하지 않은 것을 고르면?

알코올이 포함된 술은 무조건 건강에 좋지 않다고 생각하는 사람들이 많다. 그러나 포도를 이용하여 담근 레드 와인은 의외로 건강에 도움이 되는 성분들을 다량으로 함유하고 있어 적당량을 섭취할 경우 건강에 효과적일 수 있다.

레드 와인은 심혈관 질환을 예방하는 데 특히 효과적이다. 와인에 함유된 식물성 색소인 플라보노이드 성분은 나쁜 콜레스테롤의 수치를 떨어트리고 좋은 콜레스테롤의 수치를 상대적으로 향상시킨다. 이는 결국 혈액 순환 개선에 도움이 되어 협심증이나 뇌졸중 등의 심혈관 질환 발병률을 낮출 수 있다.

레드 와인은 노화 방지에도 효과적이다. 레드 와인은 항산화 물질인 폴리페놀 성분을 다량 함유하고 있는데 활성산소를 제거하는 항산화 성분이 몸속에 쌓여 노화를 빠르게 촉진시키는 활성산소를 내보냄으로써 노화를 자연스럽게 늦출 수 있는 것이다.

또한 레드 와인을 꾸준히 섭취할 경우 섭취하기 이전보다 뇌의 활동량과 암기력이 높아지는 것으로 알려져 있다. 레드 와인에 함유된 레버라트롤이란 성분이 뇌의 노화를 막아주고 활동량을 높이는 데 도움을 주기 때문이다. 이를 통해 인지력과 기억력이 향상되고 나아가 노인성 치매와 편두통 등의 뇌와 관련된 질병을 예방할 수 있다.

레드 와인은 면역력을 상승시켜주기도 한다. 면역력이란 외부의 바이러스나 세균 등의 침입을 방어하는 능력을 말하는데, 레드 와인에 포함된 퀘르세틴과 갈산이 체온을 상승시켜 체내의 면역력을 높인다.

이외에도 레드 와인은 위액의 분비를 촉진하여 소화를 돕고 식욕을 촉진시키기도 한다. 그러나 와인을 마실 때 상대적으로 떫은맛이 강한 레드 와인부터 마시게 되면 탄닌 성분이 위벽에 부담을 주고 소화를 방해할 수 있다. 따라서 단맛이 적고 신맛이 강한 스파클링 와인이나 화이트 와인부터 마신 후 레드 와인을 마시는 것이 좋다.

① 위벽 보호
② 식욕 촉진
③ 노화 방지
④ 기억력 향상
⑤ 면역력 강화

15

사회복지는 소외 문제를 해결하고 예방하기 위하여 사회 구성원들이 각자의 사회적 기능을 원활하게 수행하게 하고, 삶의 질을 향상시키는 데 필요한 제반 서비스를 제공하는 행위와 그 과정을 의미한다. 현대 사회가 발전함에 따라 계층 간·세대 간의 갈등 심화, 노령화와 가족 해체, 정보 격차에 의한 불평등 등의 사회 문제가 다각적으로 생겨나고 있는데, 이들 문제는 때로 사회 해체를 우려할 정도로 심각한 양상을 띠기도 한다. 이러한 문제의 기저에는 경제 성장과 사회 분화 과정에서 나타나는 불평등과 불균형이 있으며, 이런 점에서 사회 문제는 대부분 소외 문제와 관련되어 있음을 알 수 있다.

사회복지 찬성론자들은 이러한 문제들의 근원에 자유 시장 경제의 불완전성이 있으며, 이러한 사회적 병리 현상을 해결하기 위해서는 국가의 역할이 더 강화되어야 한다고 주장한다. 예컨대 구조 조정으로 인해 대량의 실업 사태가 생겨나는 경우를 생각해 볼 수 있다. 이 과정에서 생겨난 희생자들을 방치하게 되면 사회 통합은 물론 지속적 경제 성장에 막대한 지장을 초래할 것이다. 따라서 사회가 공동의 노력으로 이들을 구제할 수 있는 안전망을 만들어야 하며, 여기서 국가의 주도적 역할은 필수적이라 할 것이다. 현대 사회에 들어와 소외 문제가 사회 전 영역으로 확대되고 있는 상황을 감안할 때, 국가와 사회가 주도하여 사회복지 제도를 체계적으로 수립하고 그 범위를 확대해 나가야 한다는 이들의 주장은 충분한 설득력을 갖는다.

① 사회복지는 소외 문제 해결을 통해 구성원들의 사회적 기능 수행을 원활하게 한다.
② 사회복지는 제공 행위뿐만 아니라 과정까지를 의미한다.
③ 사회 복지의 확대는 근로 의욕의 상실과 도덕적 해이를 불러일으킬 수 있다.
④ 사회가 발전함에 따라 불균형이 심해지고 있다.
⑤ 사회 병리 현상 과정에서 생겨나는 희생자들을 그대로 두면 악영향을 불러일으킬 수 있다.

16

한국 사회의 행복 수준은 단순히 풍요의 역설로 설명할 수 없다. 행복에 대한 심리학적 연구에 따르면 타인과 비교하는 성향이 강한 사람일수록 행복감이 낮아지게 된다. 비교 성향이 강한 사람은 사회적 관계에서 자신보다 우월한 사람들을 준거집단으로 삼아 비교하기 쉽고 이로 인해 상대적 박탈감이 커질 수 있기 때문이다. 한국과 같은 경쟁 사회에서는 진학이나 구직 등에서 과열 경쟁이 벌어지고 등수에 의해 승자와 패자가 구분된다. 이 과정에서 비교 우위를 차지하지 못한 사람들은 좌절을 경험하기 쉬운데, 비교 성향이 강할수록 좌절감은 더 크다. 따라서 한국 사회의 행복감이 낮은 이유는 한국 사람들이 다른 사람들과 비교하는 성향이 매우 높은 데에서 찾을 수 있다.

① 한국 사회는 인당 소득 수준이 비슷한 다른 나라와 비교했을 때 행복감의 수준이 상당히 낮다.
② 준거집단을 자기보다 우월한 사람들로 삼지 않는 나라라 하더라도 행복감이 높지 않은 나라가 있다.
③ 자신보다 우월한 사람들을 준거집단으로 삼는 경향이 한국보다 강해도 행복감은 더 높은 나라가 있다.
④ 한국보다 소득 수준이 높고 대학 입학을 위한 입시 경쟁이 매우 치열한 나라도 있다.
⑤ 행복감을 높이는 데에는 소득 수준 말고도 다양한 요인이 작용한다.

17 다음 글의 논증을 반박하는 내용으로 적절하지 않은 것은?

> 윤리와 관련하여 가장 광범위하게 받아들여진 사실 가운데 하나는 옳은 것과 그른 것에 대한 광범위한 불일치가 과거부터 현재까지 항상 있었고, 아마도 앞으로도 계속 있을 것이라는 점이다. 가령 육식이 올바른지를 두고 한 문화에 속해 있는 사람들의 판단은 다른 문화에 속해 있는 사람들의 판단과 굉장히 다르다. 그뿐만 아니라 한 문화에 속한 사람들의 판단은 시대마다 아주 다르기도 하다. 심지어 우리는 동일한 문화와 시대 안에서도 하나의 행위에 대해 서로 다른 윤리적 판단을 하는 경우를 볼 수 있다.
> 이러한 사실이 의미하는 바는 사람들의 윤리적 기준이 시간과 장소 그리고 그들이 사는 상황에 따라 달라진다는 것이다. 그러므로 올바른 윤리적 기준은 그것을 적용하는 사람에 따라 상대적이다. 이것이 바로 윤리적 상대주의의 핵심 논지이다. 따라서 우리는 윤리적 상대주의가 참이라는 결론을 내려야 한다.

① 사람들의 윤리적 판단은 그들이 사는 지역에 따라 크게 다르지 않다.

② 윤리적 판단이 다르다고 해서 윤리적 기준도 반드시 달라지는 것은 아니다.

③ 윤리적 상대주의가 옳다고 해서 사람들의 윤리적 판단이 항상 서로 다른 것은 아니다.

④ 인류학자들에 따르면 문화에 따른 판단의 차이에도 불구하고 일부 윤리적 기준은 보편적으로 신봉되고 있다.

⑤ 서로 다른 윤리적 판단이 존재하는 경우에도 그중에 올바른 판단은 하나뿐이며, 그런 올바른 판단을 옳게 만들어 주는 객관적 기준이 존재한다.

18 다음 글을 읽고 바로 뒤에 이어질 내용으로 가장 적절한 것을 고르면?

> 언론 보도에 노출된 범죄 피의자는 경제적·직업적·가정적 불이익을 당할 뿐만 아니라, 인격이 심하게 훼손되거나 심지어는 생명을 버리기까지도 한다. 따라서 사회적 공기(公器)인 언론은 개인의 초상권을 존중하고 언론 윤리에 부합하는 범죄 보도가 될 수 있도록 신중을 기해야 한다. 범죄 보도가 초래하는 법적·윤리적 논란은 언론계 전체의 신뢰도에 치명적인 손상을 가져올 수도 있다.

① 따라서 언론의 자유를 위해서라도 범죄 보도에 최선을 다해야 한다.

② 다시 말해, 기자정신을 갖지 않는 기자가 많아졌다는 말이다.

③ 범죄 보도를 통하여 국민들에게 범죄에 대한 경각심을 키워줄 수 있다.

④ 이는 범죄가 언론에는 매혹적인 보도 소재이지만, 자칫 부메랑이 되어 언론에 큰 문제를 일으킬 수 있다는 말이다.

⑤ 언론은 범죄를 취재거리로 찾아내기가 쉽고 편의에 따라 기사화할 수 있을 뿐만 아니라, 범죄 보도를 통하여 시청자의 관심을 끌 수 있기 때문이다.

19 다음 글에 제시된 '사회적 경제'의 개념과 거리가 가장 먼 것은?

> 자연과 공존을 중시하며 환경오염, 기후변화, 자원부족 등을 극복하기 위한 노력이 증대되고 있다. 또한 자본주의 시장경제의 전개 과정에서 발생한 다양한 사회문제에 대응하여 대안적 삶을 모색하고 공생사회를 지향하는 가치관이 확산되고 있다. 이러한 흐름 속에서 부상한 사회적 경제는 이윤의 극대화를 최고 가치로 삼는 시장경제와 달리, 사람의 가치에 우위를 두는 사람 중심의 경제활동이자 여러 경제주체를 존중하는 다양성의 경제이다. 사회적 경제는 국가, 시장, 공동체의 중간 영역으로 정의되기도 한다. 이러한 정의는 사회적 경제가 공식 경제와 비공식 경제, 영리와 비영리, 공과 사의 경계에 존재함을 의미하고, 궁극적으로 국가 공동체가 새로운 거버넌스의 원리에 따라 재구성되어야 한다는 것을 의미한다.
>
> 최근 들어 우리 사회뿐만 아니라 세계적 흐름으로 발전하고 있는 사회적 경제는 시장경제에 위기가 도래하면 부상하고, 그 위기가 진정되면 가라앉는 특징을 보인다. 복지국가 담론에 대한 회의 혹은 자본주의 시장 실패에 대한 대안이나 보완책으로 자주 거론되고 있다. 또한 양극화 해소나 일자리 창출 등의 공동이익과 사회적 가치의 실현을 위한 상호협력과 사회연대라는 요구와 관련된다.

① 기존의 복지국가 담론
② 자본주의 시장 실패의 대안 모델
③ 공식 경제와 비공식 경제의 경계
④ 사람의 가치를 존중하는 사람 중심의 경제
⑤ 상호협력과 사회연대 바탕의 경제적 활동

20 다음 글을 통해 추론할 수 있는 내용으로 가장 적절한 것은?

> 매이먼의 루비 레이저가 개발된 이후 기체, 액체, 고체, 반도체 등의 매질로 많은 종류의 레이저가 만들어졌으며 그들의 특성은 다양하다. 하지만 모든 레이저광선은 기본적으로 단일한 파장과 방향성을 가진 광자로 이루어져 있고, 거의 완벽하게 직진하므로 다른 방향으로 퍼지지 않는다. 또한 렌즈를 통해 극히 작은 점에 빛을 수렴시킬 수 있다. 이는 다양한 광자로 이루어져 있고, 다른 방향으로 쉽게 퍼지며, 렌즈를 통해서 쉽게 수렴이 되지 않는 보통의 빛과 크게 다른 점이다.
>
> 이러한 특성들을 바탕으로 레이저광선은 보통의 빛이 도저히 할 수 없는 일을 해내고 있다. 공중에 원하는 글자나 멋진 그림을 펼쳐 보이고, CD의 음악을 재생한다. 제조업에서는 레이저광선으로 다양한 물체를 정밀하게 자르거나 태우고, 의사는 환자의 수술에 레이저광선을 활용한다. 단위 시간에 엄청난 양의 통신 정보를 실어 나를 수 있는 통신 매체의 기능을 하기도 한다. 레이저는 현대의 거의 모든 제품과 서비스에 막대한 영향을 끼치는 최첨단 기술로 자리 잡았다.

① 레이저광선은 빛의 성질을 닮아 다른 방향으로 쉽게 퍼지지 않는다.
② 보통의 빛은 단일한 파장과 방향성을 갖는 광자로 이루어져 있다.
③ 빛의 특성을 잘 이용한다면, 보통의 빛을 통해서도 CD의 음악을 재생할 수 있다.
④ 루비 레이저와 달리 반도체 레이저의 광선은 서로 다른 파장과 방향성을 가진 광자로 이루어져 있다.
⑤ 레이저는 과거보다 현재 더 높은 경제적 가치를 지닌다.

01 K기업의 홍보팀에서 근무하고 있는 김대리, 이사원, 박사원, 유사원, 강대리 중 1명은 이번 회사 워크숍에 참석하지 않았다. 이들 중 2명이 거짓말을 한다고 할 때, 다음 중 워크숍에 참석하지 않은 사람은?

> • 강대리 : 나와 김대리는 워크숍에 참석했다. 나는 누가 워크숍에 참석하지 않았는지 알지 못한다.
> • 박사원 : 유사원은 이번 워크숍에 참석하였다. 강대리님의 말은 모두 사실이다.
> • 유사원 : 워크숍 불참자의 불참 사유를 세 사람이 들었다. 이사원은 워크숍에 참석했다.
> • 김대리 : 나와 강대리만 워크숍 불참자의 불참 사유를 들었다. 이사원의 말은 모두 사실이다.
> • 이사원 : 워크숍에 참석하지 않은 사람은 유사원이다. 유사원이 개인 사정으로 인해 워크숍에 참석하지 못한다고 강대리님에게 전했다.

① 강대리   ② 박사원
③ 유사원   ④ 김대리
⑤ 이사원

02 K병원에는 현재 5명의 심리상담사가 근무 중이다. 얼마 전 시행한 감사 결과 이들 중 1명이 근무시간에 자리를 비운 것이 확인되었다. 5명의 심리상담사 중 3명이 진실을 말하고 2명이 거짓을 말한다고 할 때, 다음 중 거짓을 말하고 있는 심리상담사를 모두 고르면?

> • A : B는 진실을 말하고 있어요.
> • B : 제가 근무시간에 C를 찾아갔을 때, C는 자리에 없었어요.
> • C : 근무시간에 자리를 비운 사람은 A입니다.
> • D : 저는 C가 근무시간에 밖으로 나가는 것을 봤어요.
> • E : D는 어제도 근무시간에 자리를 비웠어요.

① A, B   ② A, D
③ B, C   ④ B, D
⑤ C, E

03 K그룹의 A ~ D사원 4명은 각각 홍보팀, 총무팀, 영업팀, 기획팀 소속으로 3 ~ 6층에서 근무하고 있다. 이들 중 1명이 거짓말을 하고 있을 때, 반드시 참인 것은?(단, 각 팀은 서로 다른 층에 위치한다)

- A사원 : 저는 홍보팀과 총무팀 소속이 아니며, 3층에서 근무하고 있지 않습니다.
- B사원 : 저는 영업팀 소속이며, 4층에서 근무하고 있습니다.
- C사원 : 저는 홍보팀 소속이며, 5층에서 근무하고 있습니다.
- D사원 : 저는 기획팀 소속이며, 3층에서 근무하고 있습니다.

---

① A사원은 홍보팀 소속이다.　　　　　② B사원은 6층에서 근무하고 있다.

③ 홍보팀은 3층에 위치한다.　　　　　④ 기획팀은 4층에 위치한다.

⑤ D사원은 5층에서 근무하고 있다.

04 어느 호텔 라운지에 둔 화분이 투숙자 중 1명에 의해 깨진 사건이 발생했다. 이 호텔에는 갑, 을, 병, 정, 무 5명의 투숙자가 있었으며, 각 투숙자는 아래와 같이 진술하였다. 투숙자 중 4명은 진실을 말하고 1명이 거짓말을 하고 있다면, 거짓말을 하고 있는 사람은?

- 갑 : '을'은 화분을 깨뜨리지 않았다.
- 을 : 화분을 깨뜨린 사람은 '정'이다.
- 병 : 내가 깨뜨렸다.
- 정 : '을'의 말은 거짓말이다.
- 무 : 나는 깨뜨리지 않았다.

---

① 갑　　　　　　　　　　　　　　　② 을

③ 병　　　　　　　　　　　　　　　④ 정

⑤ 무

05 학교수업이 끝난 후 수민, 한별, 영수는 각각 극장, 농구장, 수영장 중 서로 다른 곳에 갔다. 이들 3명은 아래와 같이 진술하였는데, 이 중 1명의 진술은 참이고 2명의 진술은 모두 거짓이다. 이때 극장, 농구장, 수영장에 간 사람을 차례로 바르게 짝지은 것은?

- 수민 : 나는 농구장에 갔다.
- 한별 : 나는 농구장에 가지 않았다.
- 영수 : 나는 극장에 가지 않았다.

---

① 수민, 한별, 영수　　　　　　　　　② 수민, 영수, 한별

③ 한별, 수민, 영수　　　　　　　　　④ 영수, 한별, 수민

⑤ 영수, 수민, 한별

06 3학년 1반에서는 학생들의 투표를 통해 득표수에 따라 학급 대표를 선출하기로 하였고, 학급 대표 후보로 A ~ E 5명이 나왔다. 투표 결과 A ~ E의 득표수가 다음과 같을 때, 반드시 참인 것은?(단, 1반 학생들은 총 30명이며, 5명의 득표수는 서로 다르다)

> • A는 15표를 얻었다.
> • B는 C보다 2표를 더 얻었지만, A보다는 낮은 표를 얻었다.
> • D는 A보다 낮은 표를 얻었지만, C보다는 높은 표를 얻었다.
> • E는 1표를 얻어 가장 낮은 득표수를 기록했다.

① A가 학급 대표로 선출된다.   ② B보다 D의 득표수가 높다.
③ D보다 B의 득표수가 높다.   ④ 5명 중 2명이 10표 이상을 얻었다.
⑤ 최다 득표자는 과반수 이상의 표를 얻었다.

07 다음 명제가 모두 참일 때, 반드시 참인 것은?

> • 희정이는 세영이보다 낮은 층에 산다.
> • 세영이는 은솔이보다 높은 층에 산다.
> • 은솔이는 희진이 옆집에 산다.

① 세영이는 희진이보다 높은 층에 산다.   ② 희진이는 희정이보다 높은 층에 산다.
③ 은솔이는 희정이보다 높은 층에 산다.   ④ 세영이가 가장 낮은 층에 산다.
⑤ 희정이가 가장 낮은 층에 산다.

08 현수, 주현, 지연, 재현, 형호는 유명 가수의 공연을 보기 위해 각자 표를 예매하기로 했다. 모두 서로 다른 열의 좌석을 예매했을 때, 반드시 참인 것은?(단, 앞 열일수록 무대와 가깝다)

> • 현수의 좌석은 지연이와 주현이의 좌석보다 무대와 가깝다.
> • 재현이의 좌석은 지연이의 좌석보다 앞이고, 형호의 좌석보다는 뒤이다.
> • 무대와 형호의 좌석 간 거리는 무대와 현수의 좌석 간 거리보다 길다.
> • 주현이의 좌석이 무대와 가장 멀리 떨어져 있다.

① 형호는 현수 바로 뒤의 좌석을 예매했다.
② 재현이는 지연 바로 앞의 좌석을 예매했다.
③ 형호는 재현이와 지연 사이의 좌석을 예매했다.
④ 형호는 현수와 재현 사이의 좌석을 예매했다.
⑤ 현수는 5명 중 가장 뒤쪽 열의 좌석을 예매했다.

09 귀하는 사내 워크숍 준비를 위해 A ~ E 직원 5명의 참석 여부를 조사하고 있다. C가 워크숍에 참석한다고 할 때, 다음 중 워크숍에 참석하는 직원을 모두 고르면?

- B가 워크숍에 참석하면 E는 참석하지 않는다.
- D는 B와 E가 워크숍에 참석하지 않을 때 참석한다.
- A가 워크숍에 참석하면 B 또는 D 중 1명이 함께 참석한다.
- C가 워크숍에 참석하면 D는 참석하지 않는다.
- C가 워크숍에 참석하면 A도 참석한다.

① A, B, C
② A, C, D
③ A, C, D, E
④ A, B, C, D
⑤ A, B, C, E

10 다음 명제가 모두 참일 때, 빈칸에 들어갈 말로 가장 적절한 것은?

- 하루에 두 끼를 먹는 어떤 사람도 뚱뚱하지 않다.
- 아침을 먹는 모든 사람은 하루에 두 끼를 먹는다.
- 그러므로 _____

① 하루에 세 끼를 먹는 사람이 있다.
② 아침을 먹는 모든 사람은 뚱뚱하지 않다.
③ 뚱뚱하지 않은 사람은 하루에 두 끼를 먹는다.
④ 하루에 한 끼를 먹는 사람은 뚱뚱하지 않다.
⑤ 아침을 먹는 어떤 사람은 뚱뚱하다.

※ 일정한 규칙으로 수를 나열할 때, 빈칸에 들어갈 수로 옳은 것을 고르시오. [11~20]

11

4	17	70	283	1,136	4,549	( )

① 18,000　　　　　　　　　　② 18,102

③ 18,162　　　　　　　　　　④ 18,202

⑤ 18,303

12

−5	−3	1	9	25	( )

① 54　　　　　　　　　　② 55

③ 56　　　　　　　　　　④ 57

⑤ 58

13

1	4	13	40	121	( )	1,093

① 351　　　　　　　　　　② 363

③ 364　　　　　　　　　　④ 370

⑤ 392

14

5	8	14	26	50	98	( )

① 204　　　　　　　　　　② 194

③ 182　　　　　　　　　　④ 172

⑤ 162

15

$$\frac{3}{5} \qquad \frac{2}{5} \qquad -\frac{3}{5} \qquad -\frac{2}{5} \qquad -\frac{7}{5} \qquad -\frac{14}{15} \qquad (\quad)$$

① $-\dfrac{29}{15}$

② $-\dfrac{18}{15}$

③ $-\dfrac{21}{15}$

④ $\dfrac{21}{15}$

⑤ $-\dfrac{23}{15}$

16

$$1 \qquad 2 \qquad 3 \qquad \frac{5}{2} \qquad 9 \qquad 3 \qquad (\quad)$$

① $\dfrac{7}{2}$

② 7

③ $\dfrac{27}{2}$

④ 27

⑤ $\dfrac{37}{2}$

17

$$12.3 \qquad 15 \qquad 7.5 \qquad 10.2 \qquad (\quad) \qquad 7.8 \qquad 3.9$$

① 4.2

② 5.1

③ 6.3

④ 7.2

⑤ 8.1

18

| 2   3   1   −0.7   (   )   −4.9 $\dfrac{1}{4}$ −9.6 |

① $\dfrac{1}{2}$　　　　　　　　　　② −1

③ −2.5　　　　　　　　　　④ −3

⑤ $\dfrac{1}{3}$

19

| 1　1　2　3　5　8　13　(　)　34 |

① 15　　　　　　　　　　② 18

③ 21　　　　　　　　　　④ 26

⑤ 28

20

| 2　2　3　4　2　4　4　3　(　) |

① 1　　　　　　　　　　② 3

③ 5　　　　　　　　　　④ 7

⑤ 9

01 거리가 30km인 A, B 두 지점 사이에 P지점이 있다. A지점에서 P지점까지 3km/h의 속력으로, P지점에서 B지점까지 4km/h의 속력으로 갔더니 총 9시간이 걸렸다. A지점에서 P지점 사이의 거리는?

① 12km

② 15km

③ 18km

④ 21km

⑤ 24km

02 농도 11%의 소금물 100g에 농도 5%의 소금물을 섞어 농도 10%의 소금물을 만들려고 한다. 이때 농도 5%의 소금물은 몇 g인가?

① 10g

② 20g

③ 30g

④ 40g

⑤ 50g

03 종대와 종인이는 형제이며 그들의 나이 차이는 3세이다. 아버지의 나이는 종대와 종인이의 나이의 합보다 1.6배 많다. 종대의 나이가 14세이면 아버지의 나이는?(단, 종대가 형이고, 종인이가 동생이다)

① 37세

② 38세

③ 40세

④ 41세

⑤ 42세

04 하나에 700원짜리 무와 1,200원짜리 감자를 섞어서 15개를 샀다. 지불한 총금액이 14,500원일 때, 구입한 무의 개수는?

① 6개

② 7개

③ 8개

④ 9개

⑤ 10개

05 사람들에게 감자 54봉지를 나눠준 후 2봉지가 남았고, 당근 94봉지를 나눠준 후 3봉지가 남았다. 이때 감자와 당근을 모두 받을 수 있는 최대 인원은?(단, 감자와 당근은 똑같은 인원에게 나눠준다)

① 13명
② 14명
③ 15명
④ 16명
⑤ 17명

06 서울시 공무원 1,250명 중 64%는 4년제 대학교를 졸업했고, 30%는 전문대를 졸업했으며, 6%는 고등학교를 졸업했다. 4년제 대학교 졸업생과 전문대 졸업생의 인원 차는?

① 375명
② 400명
③ 425명
④ 450명
⑤ 500명

07 다음은 2018 ~ 2023년 어느 나라 5개 프로 스포츠 종목의 연간 경기장 수용 규모 및 관중 수용률을 나타낸 자료이다. 이를 보고 판단한 것으로 적절한 것은?

〈프로 스포츠 종목의 연간 경기장 수용 규모 및 관중 수용률〉

(단위 : 천 명, %)

종목	구분 \ 연도	2018년	2019년	2020년	2021년	2022년	2023년
야구	수용 규모	20,429	20,429	20,429	20,429	19,675	19,450
	관중수 용률	30.6	41.7	53.3	56.6	58.0	65.7
축구	수용 규모	40,255	40,574	40,574	37,865	36,952	33,314
	관중 수용률	21.9	26.7	28.7	29.0	29.4	34.9
농구	수용 규모	5,899	6,347	6,354	6,354	6,354	6,653
	관중 수용률	65.0	62.8	66.2	65.2	60.9	59.5
핸드볼	수용 규모	3,230	2,756	2,756	2,756	2,066	2,732
	관중 수용률	26.9	23.5	48.2	43.8	34.1	52.9
배구	수용 규모	5,129	5,129	5,089	4,843	4,409	4,598
	관중 수용률	16.3	27.3	24.6	30.4	33.4	38.6

① 농구의 관중 수용률은 매년 감소한다.
② 관중 수용률은 농구가 야구보다 매년 높다.
③ 관중 수용률이 매년 증가한 종목은 3개이다.
④ 2021년 관중 수는 배구가 핸드볼보다 많다.
⑤ 2020 ~ 2023년의 전년 대비 경기장 수용 규모의 증감 양상은 농구와 핸드볼이 동일하다.

08 다음은 A방송사의 매출액 추이를 나타낸 자료이다. 이에 대하여 올바르게 분석한 사람을 〈보기〉에서 모두 고르면?

〈A방송사 매출액 추이〉

(단위 : 십억 원)

구분		2019년	2020년	2021년	2022년	2023년
방송사업 매출액	방송수신료	56	57	54	53	54
	광고	215	210	232	220	210
	협찬	31	30	33	31	32
	프로그램 판매	11	10	12	13	12
	기타 방송사업	18	22	21	20	20
기타 사업		40	41	42	41	42
합계		371	370	394	378	370

〈보기〉

지환 : 방송수신료 매출액의 전년 대비 증감 추이와 반대되는 추이를 보이는 항목이 존재해.
소영 : 5년간 모든 항목의 매출액이 3십억 원 이상의 변동폭을 보였어.
동현 : 5년간 각 항목의 매출액 순위는 한 번도 변동 없이 동일했구나.
세미 : 2019년과 비교했을 때 2023년에 매출액이 상승하지 않은 항목은 2개뿐이군.

① 지환, 소영
② 소영, 세미
③ 세미, 동현
④ 지환, 동현, 세미
⑤ 지환, 동현, 소영

09 다음은 일본 후쿠시마 원전 사고 전후 원자력 발전에 대한 인식 변화 동향을 조사한 자료이다. 이를 보고 판단한 내용으로 적절하지 않은 것은?

〈원자력 발전에 대한 인식 변화 동향〉

(단위 : 명)

사고 전 \ 사고 후	적극 찬성 (9점)	8점	7점	6점	중립 (5점)	4점	3점	2점	적극 반대 (1점)	합계
적극 찬성(9점)	14	8	17	5	13	4	5	3	6	75
8점	0	22	14	10	21	6	13	3	9	98
7점	0	1	27	15	32	14	25	12	6	132
6점	0	0	1	21	23	33	23	12	10	123
중립(5점)	0	1	1	14	117	52	75	41	74	375
4점	0	0	0	1	6	19	14	12	16	68
3점	0	0	1	0	3	4	14	8	19	49
2점	0	0	0	0	1	0	0	12	15	28
적극 반대(1점)	0	0	0	0	0	1	0	0	51	52
합계	14	32	61	66	216	133	169	103	206	1,000

① 사고 후 중립인 사람의 수는 사고 전 중립인 사람의 수에 비해 150명 이상 감소했다.

② 사고 후 적극 찬성 입장을 보인 사람의 수는 사고 전 적극 찬성 입장을 보인 사람의 수에 비해 5배 이상 감소했다.

③ 사고 전과 사고 후 두 번째로 큰 차이를 보이는 입장은 적극 반대이다.

④ 8점의 사고 전과 사고 후 전체 점수 차는 500점 이하이다.

⑤ 사고 전과 사고 후 입장의 변화가 없는 사람의 비율은 30% 미만이다.

10 다음 자료는 어느 나라의 2022년과 2023년의 노동 가능 인구구성의 변화를 나타낸 것이다. 2022년도와 비교한 2023년도의 상황을 바르게 설명한 것은?

〈노동 가능 인구구성의 변화〉

구분	취업자	실업자	비경제활동인구
2022년	55%	25%	20%
2023년	43%	27%	30%

① 이 자료에서 실업자의 수는 알 수 없다.
② 실업자의 비율은 감소하였다.
③ 경제활동인구는 증가하였다.
④ 취업자 비율의 증감 폭이 실업자 비율의 증감 폭보다 작다.
⑤ 비경제활동인구의 비율은 감소하였다.

11 다음은 모바일 뱅킹 서비스 이용 실적에 관한 분기별 자료이다. 이에 대한 분석으로 옳지 않은 것은?

〈모바일 뱅킹 서비스 이용 실적〉

(단위 : 천 건, %)

구분	2023년				2024년
	1/4분기	2/4분기	3/4분기	4/4분기	1/4분기
조회 서비스	817	849	886	1,081	1,106
자금이체 서비스	25	16	13	14	25
합계	842(18.6)	865(2.7)	899(3.9)	1,095(21.8)	1,131(3.3)

※ ( )는 전 분기 대비 증가율

① 조회 서비스 이용 실적은 매 분기마다 계속 증가하였다.
② 2023년 2/4분기의 조회 서비스 이용 실적은 전 분기보다 3만 2천 건 증가하였다.
③ 자금이체 서비스 이용 실적은 2023년 2/4분기에 감소하였다가 다시 증가하였다.
④ 모바일 뱅킹 서비스 이용 실적의 전 분기 대비 증가율이 가장 높은 분기는 2023년 4/4분기이다.
⑤ 2023년 4/4분기의 조회 서비스 이용 실적은 자금이체 서비스 이용 실적의 약 77배이다.

12 다음은 K기업의 재화 생산량에 따른 총생산비용의 변화를 나타낸 자료이다. 이를 토대로 K기업의 생산 활동과 관련하여 옳은 설명을 〈보기〉에서 모두 고르면?(단, 재화 1개당 가격은 7만 원이다)

생산량(개)	0	1	2	3	4	5
총생산비용(만 원)	5	9	12	17	24	33

〈보기〉

ㄱ 2개와 5개를 생산할 때의 이윤은 동일하다.
ㄴ 이윤을 극대화할 수 있는 최대 생산량은 4개이다.
ㄷ 4개에서 5개로 생산량을 증가시킬 때 이윤은 증가한다.
ㄹ 1개를 생산하는 것보다 생산을 하지 않는 것이 손해가 적다.

① ㄱ, ㄴ   ② ㄱ, ㄷ
③ ㄴ, ㄷ   ④ ㄴ, ㄹ
⑤ ㄷ, ㄹ

13 다음은 어느 국가의 A ~ C지역 가구 구성비를 나타낸 자료이다. 이에 대한 분석으로 옳은 것은?

〈A ~ C지역 가구 구성비〉

(단위 : %)

구분	부부 가구	2세대 가구		3세대 이상 가구	기타 가구	소계
		부모＋미혼자녀	부모＋기혼자녀			
A	5	65	16	2	12	100
B	16	55	10	6	13	100
C	12	40	25	20	3	100

※ 기타 가구 : 1인 가구, 형제 가구, 비친족 가구
※ 핵가족 : 부부 또는 (한)부모와 그들의 미혼 자녀로 이루어진 가족
※ 확대가족 : (한)부모와 그들의 기혼 자녀로 이루어진 2세대 이상의 가족

① 핵가족 가구의 비중이 가장 높은 지역은 A이다.
② 1인 가구의 비중이 가장 높은 지역은 B이다.
③ 확대가족 가구 수가 가장 많은 지역은 C이다.
④ A, B, C지역 모두 핵가족 가구 수가 확대가족 가구 수보다 많다.
⑤ 부부 가구의 구성비는 C지역이 가장 높다.

14 다음은 시기별 1인당 스팸문자의 내용별 수신 수를 나타낸 자료이다. 이에 대한 설명으로 옳지 않은 것은?

〈1인당 스팸문자의 내용별 수신 수〉

(단위 : 통)

구분	2020년 하반기	2021년 상반기	2021년 하반기
대출	0.03	0.06	0.08
성인	0.00	0.01	0.01
일반	0.12	0.05	0.08
합계	0.15	0.12	0.17

① 성인 관련 스팸문자는 2021년부터 수신되기 시작했다.

② 가장 높은 비중을 차지하는 스팸문자의 내용은 해당 기간 동안 변화했다.

③ 내용별 스팸문자 수신 수에서 감소한 종류는 없다.

④ 해당 기간 동안 가장 큰 폭으로 증가한 것은 대출 관련 스팸문자이다.

⑤ 전년 동분기 대비 2021년 하반기의 1인당 스팸문자의 내용별 수신 수의 증가율은 약 13%이다.

15 다음은 K시의 2018 ~ 2022년 연도별 해양사고 발생 현황에 대한 그래프이다. 2018년 대비 2019년 사고 척수의 증가율과 2021년 대비 2022년 인명피해 인원수의 감소율이 바르게 짝지어진 것은?

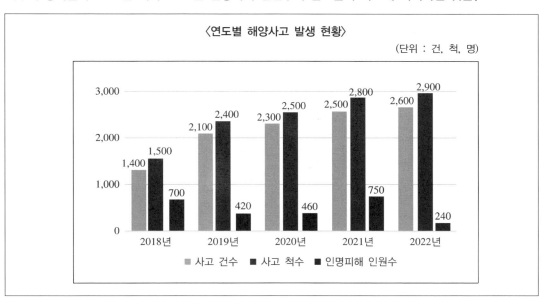

① 40%, −45% ② 45%, −68%

③ 60%, −68% ④ 60%, −55%

⑤ 60%, −65%

16 A초등학교 1, 2학년 학생들에게 다섯 가지 색깔 중 선호하는 색깔을 선택하게 하였다. 1학년 전체 학생 중 빨강을 좋아하는 학생 수의 비율과 2학년 전체 학생 중 노랑을 좋아하는 학생 수의 비율을 바르게 짝지은 것은?(단, 각 학년의 인원수는 250명이다)

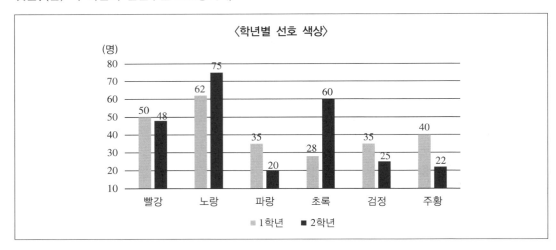

① 20%, 30%

② 25%, 25%

③ 30%, 30%

④ 20%, 25%

⑤ 30%, 50%

17 다음은 K국의 총인구와 인구성장률 추이를 나타낸 그래프이다. 이를 해석한 내용으로 옳은 것은?

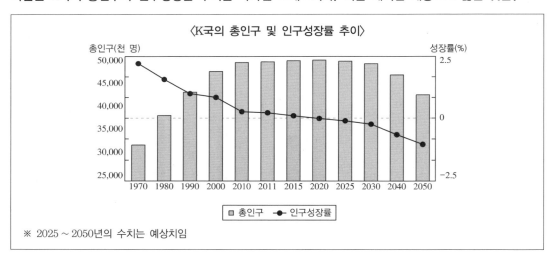

① 인구성장률은 2025년에 잠시 성장하다가 다시 감소할 것이다.

② 2011년부터 총인구는 감소할 것이다.

③ 2000 ~ 2010년 기간보다 2025 ~ 2030년 기간의 인구 변동이 덜할 것이다.

④ 2040년에 총인구는 1990년 인구보다 적을 것이다.

⑤ 총인구는 2000년부터 계속해서 감소하는 모습을 보인다.

18 다음은 대북 지원금에 대한 자료이다. 이에 대한 설명으로 옳지 않은 것은?

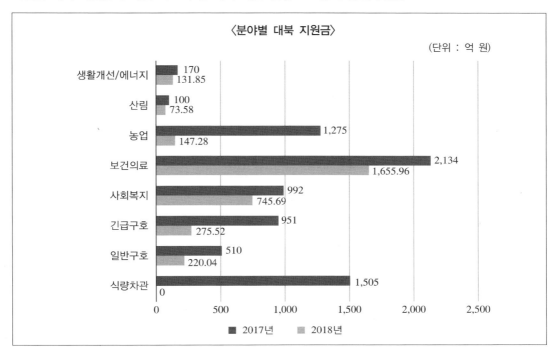

〈분야별 대북 지원금〉

(단위 : 억 원)

- 생활개선/에너지: 170 / 131.85
- 산림: 100 / 73.58
- 농업: 1,275 / 147.28
- 보건의료: 2,134 / 1,655.96
- 사회복지: 992 / 745.69
- 긴급구호: 951 / 275.52
- 일반구호: 510 / 220.04
- 식량차관: 1,505 / 0

■ 2017년　■ 2018년

① 2018년의 대북 지원금은 전년 대비 모든 분야에서 감소하였다.
② 2017 ~ 2018년 동안 지원한 금액은 농업 분야보다 긴급구호 분야가 많다.
③ 2017 ~ 2018년 동안 가장 많은 금액을 지원한 분야는 동일하다.
④ 산림 분야의 지원금은 2017년 대비 2018년에 25억 원 이상 감소하였다.
⑤ 2018년에 가장 적은 금액을 지원한 분야는 식량차관이다.

19 다음은 A시즌 K리그 주요 구단의 공격력을 분석한 자료이다. 이에 대한 설명으로 옳은 것은?

〈A시즌 K리그 주요 구단 공격력 통계〉

(단위 : 개)

구분	경기	슈팅	유효슈팅	골	경기당 평균 슈팅	경기당 평균 유효슈팅
울산	6	90	60	18	15	10
전북	6	108	72	27	18	12
상주	6	78	30	12	13	5
포항	6	72	48	9	12	8
대구	6	84	42	12	14	7
서울	6	42	18	10	7	3
성남	6	60	36	12	10	6

① 상위 3개 구단의 슈팅과 유효슈팅 개수는 같다.
② 경기당 평균 슈팅 개수가 가장 많은 구단과 가장 적은 구단의 차이는 경기당 평균 유효슈팅 개수가 가장 많은 구단과 가장 적은 구단의 차이보다 작다.
③ 골의 개수가 적은 하위 두 팀의 골 개수의 합은 전체 골 개수의 15% 이하이다.
④ 유효슈팅 대비 골의 비율은 상주가 울산보다 높다.
⑤ 전북과 성남의 슈팅 대비 골의 비율의 차이는 10%p 이상이다.

20 다음은 2024년 1 ~ 7월 서울 지하철 승차인원에 대한 자료이다. 이에 대한 설명으로 옳지 않은 것은?

〈2024년 1 ~ 7월 서울 지하철 승차인원〉

(단위 : 만 명)

구분	1월	2월	3월	4월	5월	6월	7월
1호선	818	731	873	831	858	801	819
2호선	4,611	4,043	4,926	4,748	4,847	4,569	4,758
3호선	1,664	1,475	1,807	1,752	1,802	1,686	1,725
4호선	1,692	1,497	1,899	1,828	1,886	1,751	1,725
5호선	1,796	1,562	1,937	1,910	1,939	1,814	1,841
6호선	1,020	906	1,157	1,118	1,164	1,067	1,071
7호선	2,094	1,843	2,288	2,238	2,298	2,137	2,160
8호선	550	480	593	582	595	554	572
합계	14,245	12,537	15,480	15,007	15,389	14,379	14,671

① 1 ~ 7월 중 3월의 전체 승차인원이 가장 많았다.

② 4호선을 제외한 7월의 호선별 승차인원은 전월보다 모두 증가하였다.

③ 8호선의 7월 승차인원은 1월 대비 3% 이상 증가하였다.

④ 2 ~ 7월 동안 2호선과 8호선의 전월 대비 증감 추이는 같다.

⑤ 3호선과 4호선의 승차인원 차이는 5월에 가장 컸다.

※ 다음 기호들은 일정한 규칙에 따라 도형을 변화시킨다. 주어진 도형을 도식에 따라 변화시켰을 때의 결과로
옳은 것을 고르시오(단, 주어진 조건이 두 가지 이상일 때, 모두 일치해야 Yes로 이동한다). **[1~2]**

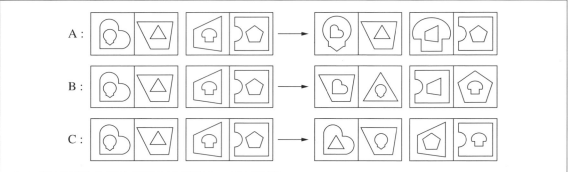

○ : 외부도형의 모양이 처음과 같으면 Yes, 다르면 No
□ : 내부도형의 모양이 처음과 같으면 Yes, 다르면 No
△ : 외부·내부도형의 모양이 처음과 같으면 Yes, 다르면 No

01

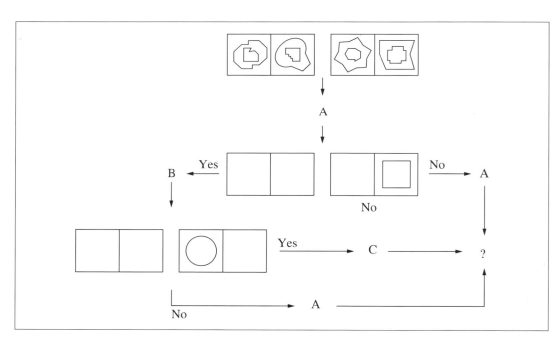

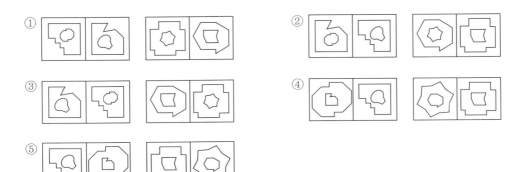

02

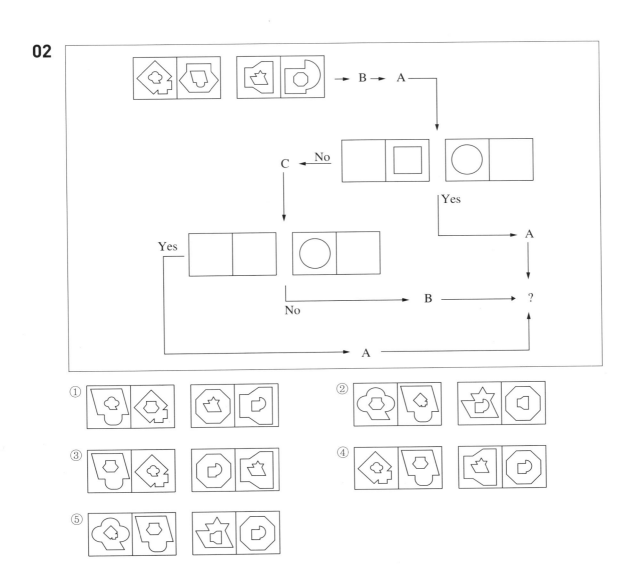

※ 다음 도식의 기호들은 일정한 규칙에 따라 도형을 변화시킨다. 〈보기〉의 규칙을 찾고 ?에 들어갈 알맞은 도형을 고르시오. [3~11]

03

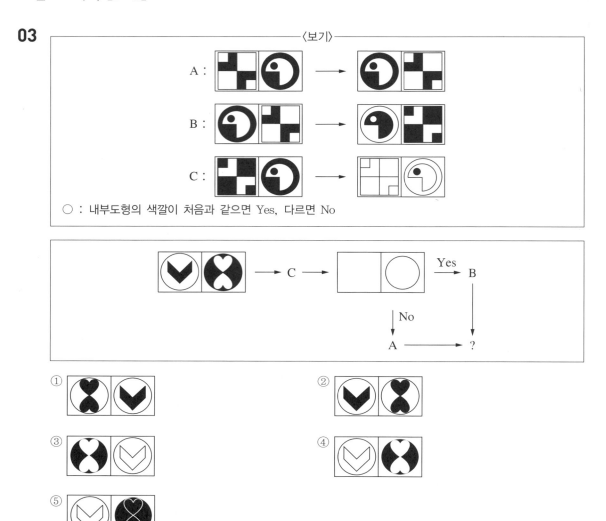

① ② ③ ④ ⑤

04

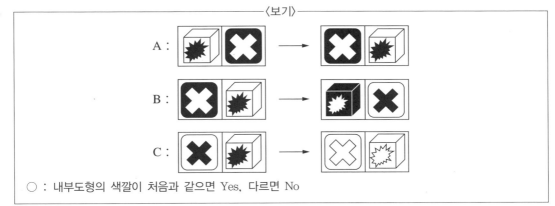

○ : 내부도형의 색깔이 처음과 같으면 Yes, 다르면 No

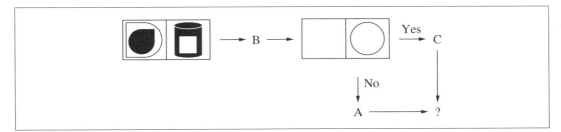

①    ②

③    ④

⑤

05

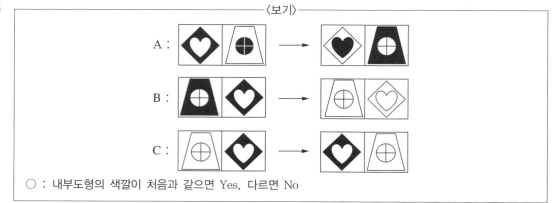

○ : 내부도형의 색깔이 처음과 같으면 Yes, 다르면 No

①

②

③

④

⑤

06

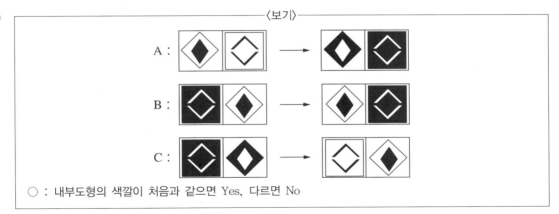

○ : 내부도형의 색깔이 처음과 같으면 Yes, 다르면 No

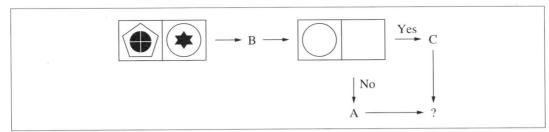

①    ②

③    ④

⑤

07

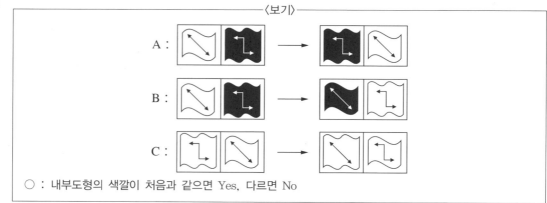

A :

B :

C :

○ : 내부도형의 색깔이 처음과 같으면 Yes, 다르면 No

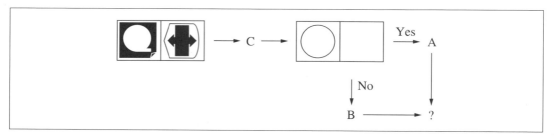

①

②

③

④

⑤

08

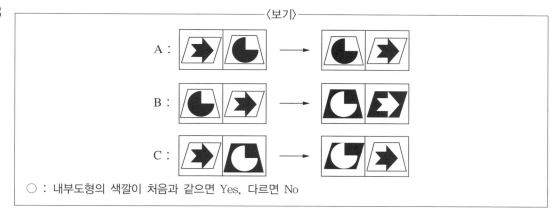

○ : 내부도형의 색깔이 처음과 같으면 Yes, 다르면 No

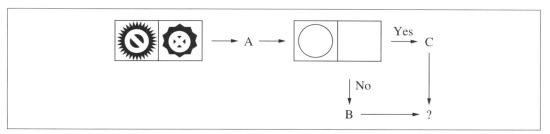

①  ②

③  ④

⑤

09

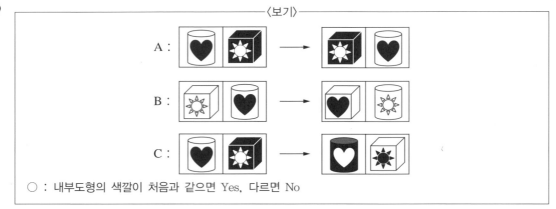

①

②

③

④

⑤

10

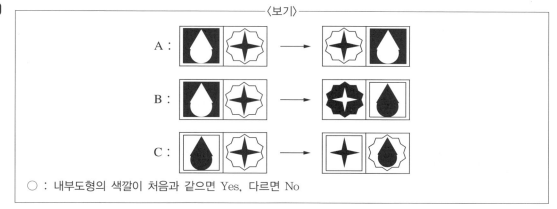

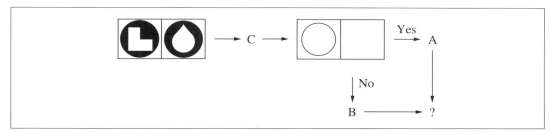

①    ②

③    ④

⑤

11

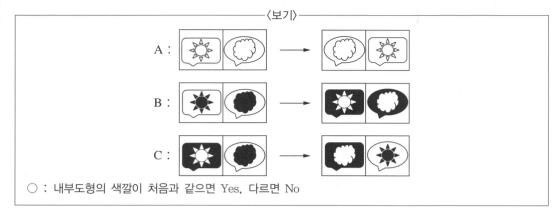

○ : 내부도형의 색깔이 처음과 같으면 Yes, 다르면 No

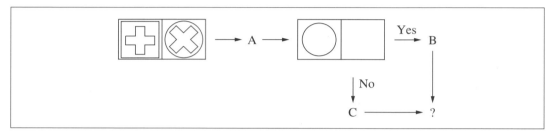

①

②

③

④

⑤

※ 다음 도식의 기호들은 일정한 규칙에 따라 도형을 변화시킨다. 〈보기〉의 규칙을 찾고 ?에 들어갈 알맞은 도형을 고르시오. [12~13]

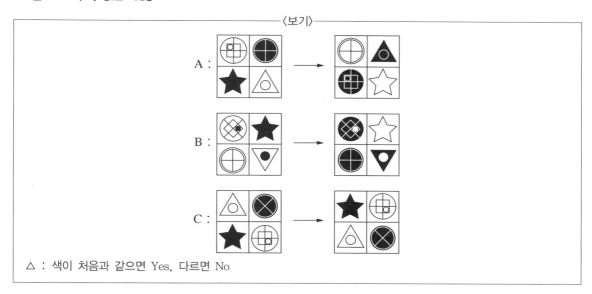

12

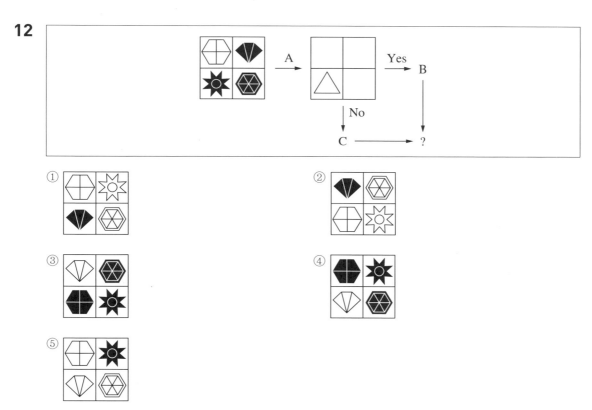

①
②
③
④
⑤

13

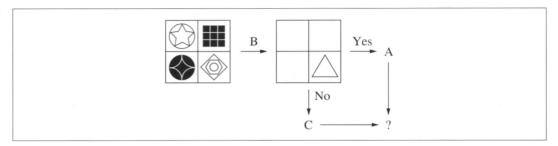

①

②

③

④

⑤

※ 다음 도식의 기호들은 일정한 규칙에 따라 도형을 변화시킨다. 〈보기〉의 규칙을 찾고 ?에 들어갈 알맞은 도형을 고르시오. [14~15]

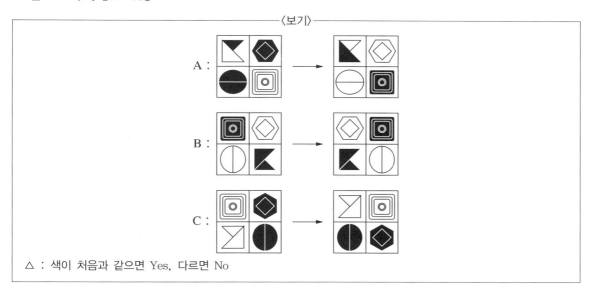

△ : 색이 처음과 같으면 Yes, 다르면 No

14

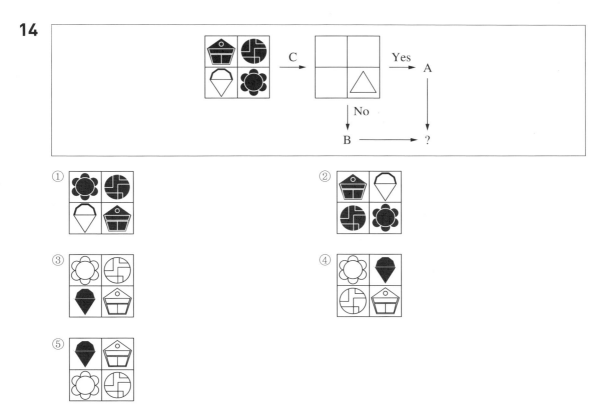

15

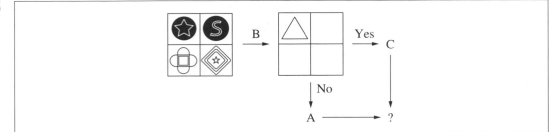

①

②

③

④

⑤

제2회
KT그룹
온라인 종합적성검사

〈문항 및 시험시간〉

KT그룹 온라인 종합적성검사		
영역	문항 수	영역별 제한시간
언어	20문항	20분
언어·수추리	20문항	25분
수리	20문항	25분
도형	15문항	20분

제1영역 언어

※ 다음 제시된 문장을 논리적 순서대로 바르게 나열한 것을 고르시오. [1~4]

01

> (가) 우리가 '주전자가 끓고 있다.'라는 표현을 '물이 끓고 있다.'로 이해하는 것은 '주전자'와 '물'사이에 밀접한 인접성이 있기 때문이다.
>
> (나) 가령 '주전자가 끓고 있다.'라는 표현에서 실제 끓고 있는 것은 주전자의 물이지만, '주전자'라는 용기의 이름이 그 내용물을 지칭한다.
>
> (다) 이러한 지칭 기능은 지시물 사이의 인접성에서 비롯된다.
>
> (라) 또한 그렇기 때문에 의미 연상을 통한 의미 전이가 신속하고도 자연스럽게 이루어진다.
>
> (마) 환유는 인접성을 바탕으로 사물이나 관념을 지칭하는 특성을 갖고 있다.

① (가) – (다) – (나) – (라) – (마)
② (가) – (라) – (다) – (마) – (나)
③ (마) – (가) – (라) – (다) – (나)
④ (마) – (나) – (다) – (가) – (라)
⑤ (마) – (다) – (라) – (가) – (나)

02

> (가) 또한 내과 교수팀은 "이번에 발표된 치료성적은 치료 중인 많은 난치성 결핵환자들에게 큰 희망을 줄 수 있을 것"이라며 덧붙였다.
>
> (나) A병원 내과 교수팀은 지난 결핵 및 호흡기학회에서 그동안 치료가 매우 어려운 것으로 알려진 난치성 결핵의 치료 성공률을 세계 최고 수준인 80%로 높였다고 발표했다.
>
> (다) 완치가 거의 불가능한 난치성 결핵균에 대한 치료성적이 우리나라가 세계 최고 수준인 것으로 발표되어 치료 중인 환자와 가족들에게 희소식이 되고 있다.
>
> (라) 내과 교수팀은 지난 10년간 A병원에서 새로운 치료법을 적용한 결핵 환자 155명의 치료성적을 분석한 결과, 치료 성공률이 49%에서 현재는 80%에 이르렀다고 설명했다.

① (나) – (가) – (다) – (라)
② (나) – (다) – (가) – (라)
③ (나) – (라) – (다) – (가)
④ (다) – (가) – (라) – (나)
⑤ (다) – (나) – (라) – (가)

03

(가) 그렇지만 그러한 위험을 감수하면서 기술 혁신에 도전했던 기업가와 기술자의 노력 덕분에 산업의 생산성은 지속적으로 향상되었고, 지금 우리는 그 혜택을 누리고 있다.

(나) 산업 기술은 적은 비용으로 더 많은 생산이 가능하도록 제조 공정의 효율을 높이는 방향으로 발전해 왔다.

(다) 기술 혁신의 과정은 과다한 비용 지출이나 실패의 위험이 도사리고 있는 험난한 길이기도 하다.

(라) 이러한 기술 발전은 제조 공정의 일부를 서로 결합함으로써 대폭적인 비용 절감을 가능하게 하는 기술 혁신을 통하여 이루어진다.

① (나) – (가) – (라) – (다)
② (나) – (다) – (가) – (라)
③ (나) – (라) – (다) – (가)
④ (다) – (나) – (가) – (라)
⑤ (다) – (라) – (가) – (나)

04

(가) 교정 중에는 치아뿐 아니라 교정 장치를 부착하고 있기 때문에 교정 장치까지 닦아주어야 하는데요. 교정용 칫솔은 가운데 홈이 있어 장치와 치아를 닦을 수 있는 칫솔을 선택하게 되고, 가운데 파여진 곳을 교정 장치에 위치시킨 후 옆으로 왔다 갔다 전체적으로 닦아줍니다. 그다음 칫솔을 비스듬히 하여 장치의 위아래를 꼼꼼하게 닦아줍니다.

(나) 치아를 가지런하게 하기 위해 교정하시는 분들 중에 간혹 교정 중에 칫솔질이 잘 되지 않아 충치가 생기고 잇몸이 내려가 버리는 경우를 종종 보곤 합니다. 그러므로 교정 중에는 더 신경 써서 칫솔질을 해야 하죠.

(다) 마지막으로 칫솔질을 할 때 잊지 말아야 할 것은 우리 입안에 치아만 있는 것이 아니므로 혀와 잇몸에 있는 플라그들도 제거해주셔야 입 냄새도 예방할 수 있다는 것입니다. 올바른 칫솔질 방법으로 건강한 치아를 잘 유지하시길 바랍니다.

(라) 또 장치 때문에 닦이지 않는 부위는 치간 칫솔을 이용해 위아래 오른쪽 왼쪽 넣어 잘 닦아줍니다. 치실은 치아에 C자 모양으로 감아준 후 치아 방향으로 쓸어내려 줍니다. 그리고 교정 중에는 워터픽이라는 물 분사 장치를 이용해 양치해 주시는 것도 많은 도움이 됩니다.

① (가) – (나) – (라) – (다)
② (가) – (다) – (나) – (라)
③ (가) – (라) – (나) – (다)
④ (나) – (가) – (라) – (다)
⑤ (나) – (라) – (다) – (가)

05

딸기에는 비타민 C가 귤의 1.6배, 레몬의 2배, 키위의 2.6배, 사과의 10배 정도 함유되어 있어 딸기 5 ~ 6개를 먹으면 하루에 필요한 비타민 C를 전부 섭취할 수 있다. 비타민 C는 신진대사 활성화에 도움을 줘 원기를 회복하고 체력을 증진시키며, 멜라닌 색소가 축적되는 것을 막아 기미, 주근깨를 예방해준다. 멜라닌 색소가 많을수록 피부색이 검어지므로 미백 효과도 있는 셈이다. 또한 비타민 C는 피부 저항력을 높여줘 알레르기성 피부나 홍조가 짙은 피부에도 좋다. 비타민 C가 내는 신맛은 식욕 증진 효과와 스트레스 해소 효과가 있다.

한편, 딸기에 비타민 C만큼 풍부하게 함유된 성분이 항산화 물질인데, 이는 암세포 증식을 억제하는 동시에 콜레스테롤 수치를 낮춰주는 기능을 한다. 그래서 심혈관계 질환, 동맥경화 등에 좋고 눈의 피로를 덜어주며 시각기능을 개선해주는 효과도 있다.

딸기는 식물성 섬유질 함량도 높은 과일이다. 섬유질 성분은 콜레스테롤을 낮추고, 혈액을 깨끗하게 만들어 준다. 뿐만 아니라 소화 기능을 촉진하고 장운동을 활발히 해 변비를 예방한다. 딸기 속 철분은 빈혈 예방 효과가 있어 혈색이 좋아지게 한다. 더불어 모공을 축소시켜 피부 탄력도 증진시킨다. 딸기와 같은 붉은 과일에는 라이코펜이라는 성분이 들어있는데, 이 성분은 면역력을 높이고 혈관을 튼튼하게 해 노화 방지 효과를 낸다. 이처럼 딸기는 건강에 무척 좋지만 당도가 높으므로 하루에 5~10개 정도만 먹는 것이 적당하다. 물론 달달한 맛에 비해 칼로리는 100g당 27kcal로 높지 않아 다이어트 식품으로 선호도가 높다.

① 딸기 속 비타민 C를 찾아라
② 비타민 C의 신맛의 비밀
③ 제철과일, 딸기 맛있게 먹는 법
④ 다양한 효능을 가진 딸기
⑤ 당분과 다이어트

06

영양분이 과도하게 많은 물에서는 오히려 물고기의 생존이 어렵다. 농업용 비료나 하수 등에서 배출되는 질소와 인 등으로 영양분이 많아진 하천의 수온이 상승하면 식물성 플랑크톤이 대량으로 증식하게 된다. 녹색을 띠는 플랑크톤이 수면을 뒤덮으면 물속으로 햇빛이 닿지 못하고 결국 물속의 산소가 고갈되어 물고기는 숨을 쉬기 어려워진다. 즉 물속의 과도한 영양분이 오히려 물고기의 생존을 위협하는 것이다.

이처럼 부영양화된 물에서의 플랑크톤 증식으로 인한 녹조 현상은 경제발전과 각종 오염물질 배출량의 증가로 인해 심각한 사회문제가 되고 있다. 녹조는 냄새를 유발하는 물질과 함께 독소를 생성하여 수돗물의 수질을 저하시킨다. 특히 독성물질을 배출하는 녹조를 유해 녹조로 지정하여 관리하고 있는 현실을 고려하면 이제 녹조는 생태계뿐만 아니라 먹는 물의 안전까지도 위협한다.

하천의 생태계를 보호하고 우리가 먹는 물을 보호하기 위해서는 녹조의 발생 원인을 사전에 제거해야 한다. 이를 위해서는 무엇보다 생활 속에서의 작은 실천이 중요하다. 질소나 인이 첨가되지 않은 세제를 사용하고, 농가에서는 화학 비료 사용을 최소화하며 하천에 오염된 물이 흘러 들어가지 않도록 철저히 관리하는 노력을 기울여야 한다.

① 물고기의 생존을 위협하는 하천의 수질 오염
② 녹조를 가속화하는 이상 기온 현상
③ 물고기와 인간의 안전을 위협하는 하천의 부영양화
④ 녹조 예방을 위한 정부의 철저한 관리 필요성
⑤ 수돗물 수질 향상을 위한 기술 개발의 필요성

07

지난 5월 아이슬란드에 각종 파이프와 열교환기, 화학물질 저장탱크, 압축기로 이루어져 있는 '조지 올라 재생가능 메탄올 공장'이 등장했다. 이곳은 이산화탄소로 메탄올을 만드는 첨단 시설로, 과거 2011년 아이슬란드 기업 '카본리사이클링인터내셔널(CRI)'이 탄소 포집・활용(CCU) 기술의 실험을 위해서 지은 곳이다.

이곳에서는 인근 지열발전소에서 발생하는 적은 양의 이산화탄소(CO_2)를 포집한 뒤 물을 분해해 조달한 수소(H_2)와 결합시켜 재생 메탄올(CH_3OH)을 제조하였으며, 이때 필요한 열과 냉각수 역시 지열발전소의 부산물을 이용했다. 이렇게 만들어진 메탄올은 자동차, 선박, 항공 연료는 물론 플라스틱 제조 원료로 활용되는 등 여러 곳에서 활용되었다.

하지만 이렇게 메탄올을 만드는 것이 미래 원료 문제의 근본적인 해결책이 될 수는 없었다. 왜냐하면 메탄올이 만드는 에너지보다 메탄올을 만드는 데 들어가는 에너지가 더 필요하다는 문제점에 더하여 액화천연가스(LNG)를 메탄올로 변환할 경우 이전보다 오히려 탄소배출량이 증가하고, 탄소배출량을 감소시키기 위해서는 태양광과 에너지 저장장치를 활용해 메탄올 제조에 필요한 에너지를 모두 조달해야만 하기 때문이다. 또한 탄소를 포집해 지하에 영구 저장하는 탄소포집 저장방식과 달리, 탄소를 포집해 만든 연료나 제품은 사용 중에 탄소를 다시 배출할 가능성이 있어 이에 대한 논의가 분분한 상황이다.

① 탄소 재활용의 득과 실
② 재생 에너지 메탄올의 다양한 활용
③ 지열발전소에서 탄생한 재활용 원료
④ 탄소 재활용을 통한 미래 원료의 개발
⑤ 미래의 에너지 원료로 주목받는 재활용 원료, 메탄올

08

우리 고유의 발효식품이자 한식 제1의 반찬인 김치는 천년이 넘는 역사를 함께해 온 우리 삶의 일부이다. 채소를 오래 보관하여 먹기 위한 절임 음식으로 시작된 김치는 양념을 버무리고 숙성시키는 우리만의 발효과학 식품으로 변신하였고 김장은 우리 민족의 가장 중요한 행사 중 하나가 되었다. 다른 나라에도 소금 등에 채소를 절인 절임음식이 존재하지만, 절임 후 양념으로 2차 발효시키는 음식으로는 우리 김치가 유일하다. 김치는 발효과정을 통해 원재료보다 영양이 한층 더 풍부하게 변신하며 암과 노화, 비만 등의 예방과 억제에 효과적인 기능성을 보유한 슈퍼 발효 음식으로 탄생한다.

김치는 지역마다, 철마다, 또 특별한 의미를 담아 다양하게 변신하여 300가지가 넘는 종류로 탄생하는데, 기후와 지역 등에 따라서 다채로운 맛을 담은 김치들이 있으며 주재료로 채소뿐만 아니라 수산물이나 육류를 이용한 독특한 김치도 있고, 같은 김치라도 사람에 따라 특별한 김치로 재탄생되기도 한다. 지역과 집안마다 저마다의 비법으로 담그기 때문에 유서 깊은 종가마다 독특한 비법으로 만든 특별한 김치가 전해오며, 김치를 담그고 먹는 일도 수행의 연속이라 여기는 사찰에서는 오신채를 사용하지 않은 특별한 김치가 존재한다.

우리 문화의 정수이자 자존심인 김치는 현대에 들어서는 문화와 전통이 결합한 복합 산업으로 펼쳐지고 있다. 김치에 들어가는 수많은 재료의 생산에 관련된 산업의 생산액은 3.3조 원이 넘으며 주로 배추김치로 형성된 김치 생산은 약 2.3조 원의 시장을 형성하고 있고 시판 김치의 경우 대기업의 시장 주도력이 증가하고 있다. 소비자 요구에 맞춘 다양한 포장 김치가 등장하고 김치냉장고는 1.1조 원의 시장을 형성하고 있으며, 정성과 기다림을 상징하는 김치는 문화산업의 소재로 활용되며, 김치 문화는 관광 관련 산업으로 활성화되고 있다. 김치의 영양 기능성과 김치 유산균을 활용한 여러 기능성 제품이 개발되고 부식뿐 아니라 새로운 요리의 식재료로서 김치는 39조 원의 외식산업 시장을 뒷받침하고 있다.

① 김치의 탄생
② 김치산업의 활성화 방안
③ 우리 민족의 축제, 김장
④ 지역마다 다양한 종류의 김치
⑤ 우리 민족의 전통이자 자존심, 김치

※ 다음 글의 내용으로 적절하지 않은 것을 고르시오. [9~11]

09

브이로그(Vlog)란 비디오(Video)와 블로그(Blog)의 합성어로, 블로그처럼 자신의 일상을 영상으로 기록하는 것을 말한다. 이전까지 글과 사진을 중심으로 남기던 일기를 이제는 한 편의 영상으로 남기는 것이다. 1인 미디어 시대는 포털 사이트의 블로그 서비스, 싸이월드가 제공했던 '미니홈피' 서비스 등을 통해 시작되었다. 사람들은 자신만의 공간에서 일상을 기록하거나 특정 주제에 대한 의견을 드러냈다. 그러다 동영상 공유 사이트인 유튜브(Youtube)가 등장하였고, 스마트폰 사용이 보편화됨에 따라 일상생활을 담은 브이로그가 인기를 얻기 시작했다.

'브이로거'는 이러한 브이로그를 하는 사람으로, 이들은 다른 사람들과 같이 공유하고 싶거나 기억하고 싶은 일상의 순간들을 영상으로 남겨 자신의 SNS에 공유한다. 이를 통해 영상을 시청하는 사람들은 '저들도 나와 다르지 않다.'는 공감을 하고, 자신이 경험하지 못한 일을 간접적으로 경험하면서 대리만족을 느낀다.

① 브이로그란 이전에 문자로 기록한 일상을 영상으로 기록하는 것이다.
② 자신의 일상을 기록한 영상을 다른 사람들과 공유하는 사람을 브이로거라고 한다.
③ 유튜브의 등장과 스마트폰의 보편화가 브이로그의 인기를 높였다.
④ 브이로거는 공감과 대리만족을 느끼기 위해 브이로그를 한다.
⑤ 블로그 서비스 등을 통해 1인 미디어 시대가 시작되었다.

10

현재 전해지는 조선시대의 목가구는 대부분 조선 후기의 것들로 단단한 소나무, 느티나무, 은행나무 등의 곧은결을 기둥이나 쇠목으로 이용하고 오동나무, 느티나무, 먹감나무 등의 늘결을 판재로 사용하여 자연스러운 나뭇결의 재질을 살렸다. 또한 대나무 혹은 엇갈리거나 소용돌이 무늬를 이룬 뿌리 부근의 목재 등을 활용하여 자연스러운 장식이 되도록 하였다.

조선시대의 목가구는 대부분 한옥의 온돌에서 사용되었기에 온도와 습도 변화에 따른 변형을 최대한 방지할 수 있는 방법이 필요하였다. 그래서 단단하고 가느다란 기둥재로 면을 나누고 기둥재에 홈을 파서 판재를 끼워 넣는 특수한 짜임과 이음의 방법을 사용하였으며 꼭 필요한 부위에만 접착제와 대나무 못을 사용하여 목재가 수축·팽창하더라도 뒤틀림과 휘어짐이 최소화될 수 있도록 하였다. 조선시대 목가구의 대표적 특징으로 언급되는 '간결한 선'과 '명확한 면 분할'은 이러한 짜임과 이음의 방법에 기초한 것이다. 짜임과 이음은 조선시대 목가구 제작에 필수적인 방법으로, 겉으로 드러나는 아름다움은 물론 보이지 않는 내부의 구조까지 고려한 격조 높은 기법이었다.

한편 물건을 편리하게 사용할 수 있게 해주며 목재의 결합부위나 모서리에 힘을 보강하는 금속 장석은 장식의 역할도 했지만 기능상 반드시 필요하거나 나무의 질감을 강조하려는 의도에서 사용되어, 조선 시대 목가구의 절제되고 간결한 특징을 잘 살리고 있다.

① 조선시대 목가구는 온도와 습도 변화에 따른 변형을 방지할 방법이 필요했다.
② 금속 장석은 장식의 역할도 했지만, 기능상 필요에 의해서도 사용되었다.
③ 나무의 곧은결을 기둥이나 쇠목으로 이용하고, 늘결을 판재로 사용하였다.
④ 접착제와 대나무 못을 사용하면 목재의 수축과 팽창이 발생하지 않게 된다.
⑤ 목재의 결합부위나 모서리에 힘을 보강하기 위해 금속 장석을 사용하였다.

11 저작권이란 저작물을 보호하기 위해 저작자에게 부여된 독점적 권리를 말한다. 저작권은 소유한 물건을 자기 마음대로 이용하거나 처분할 수 있는 권리인 소유권과는 구별된다. 소설책을 구매한 사람은 책에 대한 소유권은 획득했지만, 그렇다고 소설에 대한 저작권을 획득한 것은 아니다. 따라서 구매자는 다른 사람에게 책을 빌려줄 수는 있으나, 저작자의 허락 없이 그 소설을 상업적 목적으로 변형하거나 가공하여 유통할 수는 없다. 이는 책에 대해서는 물건에 대한 소유권인 물권법이, 소설에 대해서는 저작권법이 각각 적용되기 때문이다. 저작권법에서 보호하는 저작물은 남의 것을 베낀 것이 아니라 저작자 자신의 것이어야 한다. 그리고 저작물의 수준이 높아야 할 필요는 없지만, 저작권법에 의한 보호를 받을 가치가 있는 정도로 최소한의 창작성을 지니고 있어야 한다.

저작자란 사실상의 저작 행위를 하여 저작물을 생산해 낸 사람을 가리킨다. 직업적인 문인뿐만 아니라 저작 행위를 하면 누구든지 저작자가 될 수 있다. 자연인으로서의 개인뿐만 아니라 법인도 저작자가 될 수 있다. 그리고 저작물에는 1차적 저작물뿐만 아니라 2차적 저작물도 포함되므로 2차적 저작물의 작성자도 저작자가 될 수 있다. 그러나 저작을 하는 동안 옆에서 도와주었거나 자료를 제공한 사람 등은 저작자가 될 수 없다. 저작자에게 저작권이라는 권리를 부여하여 보호하는 이유는 저작물이 곧 문화 발전의 원동력이 되기 때문이다. 저작물이 많이 나와야 그 사회가 문화적으로 풍요로워질 수 있다. 또 다른 이유는 저작자의 창작 노력에 대해 적절한 보상을 해줌으로써 창작 행위를 계속할 수 있는 동기를 제공하는 데 있다.

① 남의 것을 베끼더라도 최소한의 창작성을 지닌 저작물이라면 저작권법에 의해 보호받을 수 있다.

② 소설책을 구매한 사람이 다른 사람에게 책을 빌려줄 수 있는 이유는 책에 대해 물권법이 적용되기 때문이다.

③ 저작권은 저작자에게 부여된 독점적 권리로 소유권과 구별된다.

④ 2차적 저작물의 작성자도 저작자가 될 수 있지만, 저작의 과정에서 자료를 제공한 사람은 저작자가 될 수 없다.

⑤ 저작자에게 권리를 부여함으로써 저작자의 지속적인 창작 동기를 유발하고, 사회의 문화 발전에 기여하도록 한다.

12

미디어 플랫폼의 다변화로 콘텐츠 이용에 관한 선택권이 다양해졌지만 장애인은 OTT로 콘텐츠 하나 보기가 어려운 현실이다.

지난 2022 장애인 미디어 접근 콘퍼런스에서 최선호 한국시각장애인연합회 정책팀장은 "올해 한 기사를 보니 한 시각장애인 분이 OTT는 넷플릭스나 유튜브로 보고 있다고 돼 있었는데, 두 가지가 다 외국 플랫폼이었다는 것이 마음이 아팠다. 외국과 우리나라에서 장애인을 바라보는 시각의 차이가 바로 이런 것이구나 생각했다."며 "장애인을 소비자로 보느냐 시혜대상으로 보느냐 사업자가 어떤 생각을 갖고 있느냐에 따라 콘텐츠를 어떻게 제작할 것인가의 차이가 있다고 본다."라고 말했다.

실제 시각장애인은 OTT의 기본 기능도 이용하기 어렵다. 국내 OTT에서는 동영상 재생 버튼을 설명하는 대체 텍스트(문구)가 제공되지 않아 시각장애인들이 재생 버튼을 선택할 수 없었으며 동영상 시청 중에는 일시정지할 수 있는 버튼, 음량 조정 버튼, 설정 버튼 등이 화면에서 사라졌다. 재생 버튼에 대한 설명이 제공되는 넷플릭스도 영상 재생 시점을 10초 앞으로, 또는 뒤로 이동하는 버튼은 이용하기 어렵다.

이에 국내 OTT 업계의 경우 장애인 이용을 위한 기술을 개발·확대한다는 계획을 밝히며 정부 지원이 필요하다고 덧붙였다. 정부도 규제와 의무보다는 사업자의 자율적인 부분을 인정해주고 사업자 노력을 드라이브 걸 수 있는 지원책을 마련하여야 한다. 이는 OTT 시장이 철저한 자본에 의한 경쟁시장이며, 자본이 있는 만큼 서비스가 고도화되고 고도화를 통해 이용자 편의성을 높일 수 있기 때문이다.

① 외국 OTT 플랫폼은 장애인을 위한 서비스를 활발히 제공하고 있다.
② 국내 OTT 플랫폼은 장애인을 위한 서비스를 제공하고 있지 않다.
③ 외국 OTT 플랫폼은 국내 플랫폼보다 장애인을 시혜 대상으로 바라보고 있다.
④ 우리나라 장애인은 외국인보다 상대적으로 OTT 플랫폼의 이용이 어렵다.
⑤ 정부는 OTT 플랫폼에 장애인 편의 기능을 마련할 것을 촉구했지만 지원책은 미비했다.

13 '20세기 최고의 수학자'로 불리는 프랑스의 장피에르 세르 명예교수는 경북 포항시 효자동에 위치한 포스텍 수리과학관 3층 교수 휴게실에서 '수학이 우리에게 왜 필요한가.'를 묻는 첫 질문에 이같이 대답했다.

"교수님은 평생 수학의 즐거움, 학문(공부)하는 기쁨에 빠져 있었죠. 후회는 없나요? 수학자가 안 됐으면 어떤 인생을 살았을까요?"

"내가 굉장히 좋아했던 선배 수학자가 있었어요. 지금은 돌아가셨죠. 그분은 라틴어와 그리스어 등 언어에 굉장히 뛰어났습니다. 그만큼 재능이 풍부했지만 본인은 수학 외엔 다른 일을 안 하셨어요. 나보다 스무 살 위의 앙드레 베유 같은 이는 뛰어난 수학적 재능을 타고 태어났습니다. 하지만 나는 수학적 재능은 없는 대신 호기심이 많았습니다. 누가 써놓은 걸 이해하려 하기보다 새로운 걸 발견하는 데 관심이 있었죠. 남이 이미 해놓은 것에는 별로 흥미가 없었어요. 수학 논문들도 재미있어 보이는 것만 골라서 읽었으니까요."

"학문이란 과거의 거인들로부터 받은 선물을 미래의 아이들에게 전달하는 일이라고 누군가 이야기했습니다. 그 비유에 대해 어떻게 생각하세요?"

"학자의 첫 번째 임무는 새로운 것을 발견하려는 진리의 추구입니다. 전달(교육)은 그다음이죠. 우리는 발견한 진리를 혼자만 알고 있을 게 아니라, 출판(Publish, 넓은 의미의 '보급'에 해당하는 원로학자의 비유)해서 퍼트릴 의무는 갖고 있습니다."

장피에르 교수는 고대부터 이어져 온 고대 그리스 수학자의 정신을 잘 나타내고 있다고 볼 수 있다. 그가 생각하는 학자에 대한 입장처럼 고대 그리스 수학자들에게 수학과 과학은 사람들에게 새로운 진리를 알려주고 놀라움을 주는 것이었다. 이때의 수학자들에게 수학이라는 학문은 순수한 앎의 기쁨을 깨닫게 해 주는 것이었다. 그래서 고대 그리스에서는 수학을 연구하는 다양한 학파가 등장했을 뿐만 아니라 많은 사람의 연구를 통해 짧은 시간에 폭발적인 혁신을 이룩할 수 있었다.

① 그리스 수학을 연구하는 학파는 그리 많지 않았다.
② 그리스의 수학자들은 학문적 성취보다는 교육을 통해 후대를 양성하는 것에 집중했다.
③ 그리스 수학은 장기간에 걸쳐 점진적으로 발전하였다.
④ 고대 수학자들에게 수학은 새로운 사실을 발견하는 순수한 학문적 기쁨이었다.
⑤ 그리스 수학은 도형 위주로 특히 폭발적인 발전을 했다.

14

만우절의 탄생과 관련해서 많은 이야기가 있지만, 가장 많이 알려진 것은 16세기 프랑스 기원설이다. 16세기 이전부터 프랑스 사람들은 3월 25일부터 일주일 동안 축제를 벌였고 축제의 마지막 날인 4월 1일에는 모두 함께 모여 축제를 즐겼다. 그러나 16세기 말 프랑스가 그레고리력을 받아들이면서 달력을 새롭게 개정했고 이에 따라 이전의 3월 25일을 새해 첫날(New Year's Day)인 1월 1일로 맞추어야 했다. 결국 기존의 축제는 달력이 개정됨에 따라 사라지게 되었다. 그러나 몇몇 사람들은 이 사실을 잘 알지 못하거나 기억하지 못했다. 사람들은 그들을 가짜 파티에 초대하거나, 그들에게 조롱 섞인 선물을 하면서 놀리기 시작했다. 프랑스에서는 이렇게 놀림감이 된 사람들을 '4월의 물고기'라는 의미의 '푸아송 다브릴(Poisson d'Avril)'이라 불렀다. 갓 태어난 물고기처럼 쉽게 낚였기 때문이다. 18세기에 이르러 프랑스의 관습이 영국으로 전해지면서 영국에서는 이날을 '오래된 바보의 날(All Fool's Day*)'이라고 불렀다.

* 'All'은 'Old'를 뜻하는 'Auld'의 변형 형태(스코틀랜드)이다.

① 만우절은 프랑스에서 기원했다.
② 프랑스는 16세기 이전부터 그레고리력을 사용하였다.
③ 16세기 말 이전 프랑스에서는 3월 25일부터 4월 1일까지 축제가 열렸다.
④ 프랑스에서는 만우절을 '4월의 물고기'라고 불렀다.
⑤ 영국의 만우절은 18세기 이전 프랑스에서 전해졌다.

15 다음 중 A의 주장에 효과적으로 반박할 수 있는 진술은?

A : 우리나라는 경제 성장과 국민 소득의 향상으로 매년 전력소비가 증가하고 있습니다. 이런 와중에 환경문제를 이유로 발전소를 없앤다는 것은 말도 안 되는 소리입니다. 반드시 발전소를 증설하여 경제 성장을 촉진해야 합니다.
B : 하지만 최근 경제 성장 속도에 비해 전력소비량의 증가가 둔화되고 있는 것도 사실입니다. 더구나 전력소비에 대한 시민의식도 점차 바뀌어가고 있으므로 전력소비량과 관련된 캠페인을 실시하여 소비량을 줄인다면 발전소를 증설하지 않아도 됩니다.
A : 의식의 문제는 결국 개인에게 기대하는 것이고, 희망적인 결과만을 생각한 것입니다. 확실한 것은 앞으로 우리나라 경제 성장에 있어 더욱더 많은 전력이 필요할 것이라는 겁니다.

① 친환경 발전으로 환경과 경제 문제를 동시에 해결할 수 있다.
② 경제 성장을 하면서도 전력소비량이 감소한 선진국의 사례도 있다.
③ 최근 국제 유가의 하락으로 발전비용이 저렴해졌다.
④ 발전소의 증설이 건설경제의 선순환 구조를 이룩할 수 있는 것이 아니다.
⑤ 우리나라 시민들의 전기소비량에 대한 인식조사를 해야 한다.

16 다음 글에서 도킨스의 논리에 대한 필자의 문제 제기로 가장 적절한 것은?

> 도킨스는 인간의 모든 행동이 유전자의 자기 보존 본능에 따라 일어난다고 주장했다. 사실 도킨스는 플라톤에서부터 쇼펜하우어에 이르기까지 통용되던 철학적 생각을 유전자라는 과학적 발견을 이용하여 반복하고 있을 뿐이다. 이에 따르면 인간 개체는 유전자라는 진정한 주체의 매체에 지나지 않게 된다. 그런데 이 같은 도킨스의 논리에 근거하면 우리 인간은 이제 자신의 몸과 관련된 모든 행동에 대해 면죄부를 받게 된다. 모든 것이 이미 유전자가 가진 이기적 욕망으로부터 나왔다고 볼 수 있기 때문이다. 그래서 도킨스의 생각에는 살아가고 있는 구체적 생명체를 경시하게 되는 논리가 잠재되어 있다.

① 고대의 철학은 현대의 과학과 양립할 수 있는가?
② 유전자의 자기 보존 본능이 초래하게 되는 결과는 무엇인가?
③ 인간을 포함한 생명체는 진정한 주체가 아니란 말인가?
④ 생명 경시 풍조의 근원이 되는 사상은 무엇인가?
⑤ 인간은 자신의 행동에 책임을 질 필요가 있는가?

17 다음을 읽고 이를 비판하기 위한 근거로 적절하지 않은 것을 고르면?

> 태어날 때부터 텔레비전을 좋아하거나 싫어하는 아이는 없다. 다만, 좋아하도록 습관이 들 뿐이다. 이 사실은 부모가 텔레비전을 시청하는 태도나 시청하는 시간을 잘 선도하면 바람직한 방향으로 습관이 형성될 수도 있다는 점을 시사해 준다. 텔레비전을 많이 보는 아이들보다 적게 보는 아이들이 행실도 바르고, 지능도 높으며, 학업 성적도 좋다는 사실을 밝혀 낸 연구 결과도 있다. 부모의 시청 시간과 아이들의 시청 행위 사이에도 깊은 관계가 있다. 일반적으로, 텔레비전을 장시간 시청하는 가족일수록 가족 간의 대화나 가족끼리 하는 공동 행위가 적다. 결과적으로 텔레비전과 거리가 멀수록 좋은 가정이 된다는 말이다.

① 가족끼리 저녁 시간에 같은 텔레비전 프로그램을 보면서 대화하는 경우도 많다.
② 텔레비전 프로그램에는 교육적인 요소도 많이 있고 학습을 위한 전문방송도 있다.
③ 여가 시간에 텔레비전을 시청하는 것은 개인의 휴식에 도움이 된다.
④ 가족 내에서도 개인주의가 만연하는 시대에 드라마를 시청하는 시간만이라도 가족들이 모이는 시간을 가질 수 있다.
⑤ 텔레비전을 통해 정보와 지식을 습득하여 학업에 이용하는 학생들도 증가하고 있다.

18 다음을 읽고 뒤에 이어질 내용으로 가장 적절한 것을 고르면?

> 태초의 자연은 인간과 동등한 위치에서 상호 소통할 수 있는 균형적인 관계였다. 그러나 기술의 획기적인 발달로 인해 자연과 인간사회 사이에 힘의 불균형이 초래되었다. 자연과 인간의 공생은 힘의 균형을 전제로 한다. 균형적 상태에서 자연과 인간은 긴장감을 유지하지만 한쪽에 의한 폭력적 관계가 아니기에 소통이 원활히 발생한다. 또한 일방적인 관계에서는 한쪽의 희생이 필수적이지만 균형적 관계에서는 상호 호혜적인 거래가 발생한다. 이때의 거래란 단순히 경제적인 효율을 의미하는 것이 아니다. 대자연의 환경에서 각 개체와 그 후손들의 생존은 상호 관련성을 지닌다. 이에 따라 자연은 인간에게 먹거리를 제공하고 인간은 자연을 위한 의식을 행함으로써 상호 이해와 화해를 도모하게 된다. 인간에게 자연이란 정복의 대상이 아닌 존중받아야 할 거래 대상인 것이다. 결국 대칭적인 관계로의 회복을 위해서는 힘의 균형이 전제되어야 한다.

① 인간과 자연이 힘의 균형을 회복하기 위한 방법
② 인간과 자연이 거래하는 방법
③ 태초의 자연이 인간을 억압해온 사례
④ 인간 사회에서 소통의 중요성
⑤ 경제적인 효율을 극대화하기 위한 방법

19

효(孝)가 개인과 가족, 곧 일차적인 인간관계에서 일어나는 행위를 규정한 것이라면, 충(忠)은 가족이 아닌 사람들과의 관계, 곧 이차적인 인간관계에서 일어나는 사회적 행위를 규정한 것이었다. 그런데 언제부터인가 우리는 효를 순응적 가치관을 주입하는 봉건 가부장제 사회의 유습이라고 오해하는가 하면, 충과 효를 동일시하는 오류를 저지르는 경향이 많아졌다.

"부모에게 효도하고 형제를 사랑하는 사람은 윗사람의 명령을 거역하는 경우가 드물다. 또 윗사람의 명령을 어기지 않는 사람은 난동을 일으키는 경우도 드물다. 군자는 근본에 힘쓴다. 근본이 확립되면 도가 생기기 때문이다. 효도와 우애는 인(仁)의 근본이다."

위 구절에 담긴 입장을 기준으로 보면 효는 윗사람에 대한 절대 복종으로 연결된다. 곧 종족 윤리의 기본이 되는 연장자에 대한 예우는 물론이고 신분 사회의 엄격한 상하 관계까지 포괄적으로 인정하는 것이다. 하지만 이 구절만을 근거로 효를 복종의 윤리라고 보는 것은 성급한 판단이다. 왜냐하면 원래부터 효란 가족 윤리 또는 종족 윤리로서 사회 윤리였던 충보다 우선시되었을 뿐만 아니라, 유교의 기본 입장은 설사 부모의 명령이라 하더라도 옳고 그름을 가리지 않는 맹목적인 복종은 그 자체가 불효라고 보았기 때문이다.

유교에서는 부모와 자식의 관계가 자연에 의해서 결정된다고 한다. 이 때문에 부모와 자식의 관계는 인위적으로 끊을 수 없다고 본다. 이에 비해 임금과 신하의 관계는 공동의 목표를 위한 관계로서 의리에 의해서 맺어진 관계로 본다. 의리가 맞지 않는다면 언제라도 끊을 수 있다고 생각하는 것이다.

① 효는 봉건 가부장제 사회의 영향 아래 규정된 가족 관계에서의 행위이다.

② 인(仁)의 원리에 따르면 충을 다하면 효는 자연스럽게 따라온다.

③ 충은 상호 신뢰를 바탕으로 이루어진 임금과 신하 사이의 관계에서 지켜져야 한다.

④ 유교적 윤리에 따르면 부모와 윗사람의 명령은 거역할 수 없다.

⑤ 임금의 명령으로 인해 부모에 대한 효를 지키지 못했다면 이는 불효가 아닐 것이다.

20 '쓰는 문화'가 책의 문화에서 가장 우선이다. 쓰는 이가 없이는 책이 나올 수가 없다. 그러나 지혜를 많이 갖고 있다는 것과 그것을 글로 옮길 줄 아는 것은 별개의 문제이다. 엄격하게 이야기해서 지혜는 어떤 한 가지 일에 지속적으로 매달린 사람이면 누구나 머릿속에 쌓아두고 있는 것이다. 하지만 그것을 글로 옮기기 위해서는 특별하고도 고통스러운 훈련이 필요하다. 생각을 명료하게 정리할 줄과 글 맥을 이어갈 줄 알아야 하며, 그리고 줄기찬 노력을 바칠 준비가 되어 있어야 한다. 모든 국민이 책 한 권을 남길 수 있을 만큼 쓰는 문화가 발달한 사회가 도래하면, 그때에는 지혜의 르네상스가 가능할 것이다.

'읽는 문화'의 실종, 그것이 바로 현대의 특징이다. 신문의 판매 부수가 날로 떨어져 가는 반면에 텔레비전의 시청률은 날로 증가하고 있다. 깨알 같은 글로 구성된 200쪽 이상의 책보다 그림과 여백이 압도적으로 많이 들어간 만화책 같은 것이 늘어나고 있다. 보는 문화가 읽는 문화를 대체해 가고 있다. 읽는 일에는 피로가 동반되지만 보는 놀이에는 휴식이 따라온다. 일을 저버리고 놀이만 좇는 문화가 범람하고 있지 않은가. 보는 놀이가 머리를 비게 하는 것은 너무나 당연하다. 읽는 일이 장려되지 않는 한 생각 없는 사회로 치달을 수밖에 없다. 책의 문화는 바로 읽는 일과 직결되며, 생각하는 사회를 만드는 지름길이다.

① 지혜로운 사람이 그렇지 않은 사람보다 더 논리적으로 글을 쓸 수 있다.
② 고통스러운 훈련을 견뎌야 지혜로운 사람이 될 수 있다.
③ 텔레비전을 많이 보는 사람은 그렇지 않은 사람보다 신문을 적게 읽는다.
④ 만화책은 내용과 관계없이 그림의 수준이 높을수록 더 많이 판매된다.
⑤ 사람들이 텔레비전을 많이 볼수록 생각하는 시간이 적어진다.

01 체육 수업을 위해 한 학급의 학생들이 모두 교실을 비운 사이 도난 사고가 발생했다. 담임 선생님은 체육 수업에 참여하지 않은 A ~ E 5명과 상담을 진행하였고, 이들은 아래와 같이 진술하였다. 이 중 2명의 학생은 거짓말을 하고 있으며, 거짓말을 하는 1명의 학생이 범인이다. 다음 중 범인을 고르면?(단, 2명을 제외한 나머지 학생은 모두 진실을 말한다)

- A : 저는 그 시간에 교실에 간 적이 없어요. 저는 머리가 아파 양호실에 누워있었어요.
- B : A의 말은 사실이에요. 제가 넘어져서 양호실에 갔었는데, A가 누워있는 것을 봤어요.
- C : 저는 정말 범인이 아니에요. A가 범인이에요.
- D : B의 말은 모두 거짓이에요. B는 양호실에 가지 않았어요.
- E : 사실 저는 C가 다른 학생의 가방을 열어 물건을 훔치는 것을 봤어요.

---

① A
② B
③ C
④ D
⑤ E

02 어젯밤 회사에 남아있던 A ~ E 5명 중에서 창문을 깬 범인을 찾고 있다. 범인은 2명이고, 범인은 거짓을 말하며 범인이 아닌 사람은 진실을 말한다고 한다. 5명의 진술이 다음과 같을 때, 다음 중 동시에 범인이 될 수 있는 사람끼리 짝지어진 것은?

- A : B와 C가 함께 창문을 깼어요.
- B : A가 창문을 깨는 것을 봤어요.
- C : 저랑 E는 확실히 범인이 아니에요.
- D : C가 범인이 확실해요.
- E : 제가 아는데, B는 확실히 범인이 아닙니다.

---

① A, B
② A, C
③ B, C
④ C, D
⑤ D, E

03 K회사에 근무 중인 A~D사원 4명 중 1명이 주임으로 승진하였다. 다음 대화에서 A~D 중 1명만 진실을 말하고 있을 때, 주임으로 승진한 사람은?

> • A : B가 주임으로 승진했어.
> • B : A가 주임으로 승진했어.
> • C : D의 말은 참이야.
> • D : C와 B 중 1명 이상이 주임으로 승진했어.

① A사원   ② B사원
③ C사원   ④ D사원
⑤ 알 수 없음

04 A~E는 점심 식사 후 제비뽑기를 통해 '꽝'을 뽑은 1명이 나머지 4명의 아이스크림을 모두 사주기로 하였다. 다음 A~E의 대화에서 1명이 거짓말을 한다고 할 때, 아이스크림을 사야 할 사람은?

> • A : D는 거짓말을 하고 있지 않아.
> • B : '꽝'을 뽑은 사람은 C야.
> • C : B의 말이 사실이라면 D의 말은 거짓이야.
> • D : E의 말이 사실이라면 '꽝'을 뽑은 사람은 A야.
> • E : C는 빈 종이를 뽑았어.

① A   ② B
③ C   ④ D
⑤ E

05 연극 동아리 회원인 갑~무는 얼마 남지 않은 연극 연습을 위해 동아리 회장으로부터 동아리 방의 열쇠를 빌렸으나, 얼마 뒤 이들 중 1명이 동아리 방의 열쇠를 잃어버렸다. 다음 갑~무의 대화에서 2명이 거짓말을 한다고 할 때, 다음 중 열쇠를 잃어버린 사람은?

> • 갑 : 나는 누군가가 회장에게 열쇠를 받는 것을 봤어. 난 열쇠를 갖고 있던 적이 없어.
> • 을 : 나는 회장에게 열쇠를 받지 않았어. 열쇠를 잃어버린 사람은 정이야.
> • 병 : 나는 마지막으로 무가 열쇠를 가지고 있는 것을 봤어. 무가 열쇠를 잃어버린 게 확실해.
> • 정 : 갑과 을 중 1명이 회장에게 열쇠를 받았고, 그중 1명이 열쇠를 잃어버렸어.
> • 무 : 사실은 내가 열쇠를 잃어버렸어.

① 갑   ② 을
③ 병   ④ 정
⑤ 무

06 다음 명제가 모두 참일 때, 반드시 참인 것은?

- 국어를 좋아하는 학생은 영어를 좋아한다.
- 수학을 싫어하는 학생은 국어를 좋아한다.
- 수학을 좋아하는 학생은 영어를 싫어한다.
- 영어를 좋아하는 학생은 사회를 좋아한다.

① 영어를 싫어하는 학생은 국어를 좋아한다.
② 국어를 싫어하는 학생은 영어도 싫어한다.
③ 영어를 좋아하는 학생은 수학도 좋아한다.
④ 사회를 좋아하는 학생은 수학도 좋아한다.
⑤ 수학을 싫어하는 학생은 사회도 싫어한다.

07 K기업은 봉사활동의 일환으로 홀로 사는 노인들에게 아침 식사를 제공하기 위해 일일 식당을 운영하기로 했다. 다음 명제들이 모두 참이라고 할 때, 반드시 참인 것은?

- 음식을 요리하는 사람은 설거지를 하지 않는다.
- 주문을 받는 사람은 음식 서빙을 함께 담당한다.
- 음식 서빙을 담당하는 사람은 요리를 하지 않는다.
- 음식 서빙을 담당하는 사람은 설거지를 한다.

① A사원은 설거지를 하면서 음식을 서빙하기도 한다.
② B사원이 설거지를 하지 않으면 음식을 요리한다.
③ C사원이 음식 주문을 받으면 설거지는 하지 않는다.
④ D사원은 음식을 요리하면서 음식 주문을 받기도 한다.
⑤ E사원이 설거지를 하지 않으면 음식 주문도 받지 않는다.

08 대학생의 취미생활에 대한 선호도를 조사하여 다음과 같은 결과가 나왔다. 다음 결과가 모두 참일 때, 반드시 참인 것은?

- 등산을 좋아하는 사람은 스케이팅을 싫어한다.
- 영화 관람을 좋아하지 않는 사람은 독서를 좋아한다.
- 영화 관람을 좋아하지 않는 사람은 조깅 또한 좋아하지 않는다.
- 낮잠 자기를 좋아하는 사람은 스케이팅을 좋아한다.
- 스케이팅을 좋아하는 사람은 독서를 좋아한다.

① 영화 관람을 좋아하는 사람은 스케이팅을 좋아한다.
② 스케이팅을 좋아하는 사람은 낮잠 자기를 싫어한다.
③ 조깅을 좋아하는 사람은 독서를 좋아한다.
④ 낮잠 자기를 좋아하는 사람은 독서를 좋아한다.
⑤ 독서를 좋아하는 사람은 스케이팅을 싫어한다.

09 남학생 A, B, C, D와 여학생 W, X, Y, Z 총 8명이 있다. 입사 시험을 본 뒤, 이 8명의 득점을 알아보았더니, 남녀 모두 1명씩 짝을 이루어 동점을 받았다. 다음 〈조건〉을 모두 만족할 때, 반드시 참인 것은?

〈조건〉
- 여학생 X는 남학생 B 또는 C와 동점이다.
- 여학생 Y는 남학생 A 또는 B와 동점이다.
- 여학생 Z는 남학생 A 또는 C와 동점이다.
- 남학생 B는 여학생 W 또는 Y와 동점이다.

① 여학생 W는 남학생 C와 동점이다.
② 여학생 X와 남학생 B가 동점이다.
③ 여학생 Z와 남학생 C는 동점이다.
④ 여학생 Y는 남학생 A와 동점이다.
⑤ 남학생 D와 여학생 W는 동점이다.

10 테니스공, 축구공, 농구공, 배구공, 야구공, 럭비공을 각각 A, B, C상자에 넣으려고 한다. 한 상자에 공을 두 개까지 넣을 수 있고 조건이 아래와 같다고 할 때, 항상 거짓인 것은?

┌─────────────────〈조건〉─────────────────┐
│ • 테니스공과 축구공은 같은 상자에 넣는다.   │
│ • 럭비공은 B상자에 넣는다.   │
│ • 야구공은 C상자에 넣는다.   │
└──────────────────────────────────────┘

① 농구공을 C상자에 넣으면 배구공은 B상자에 들어가게 된다.
② 테니스공과 축구공은 반드시 A상자에 들어간다.
③ 배구공과 농구공은 같은 상자에 들어갈 수 없다.
④ B상자에 배구공을 넣으면 농구공은 야구공과 같은 상자에 들어가게 된다.
⑤ 럭비공은 반드시 배구공과 같은 상자에 들어간다.

※ 일정한 규칙으로 수를 나열할 때, 빈칸에 들어갈 수로 옳은 것을 고르시오. **[11~20]**

11

	-8	-2	10	34	82	178	( )

① 297
② -356
③ 360
④ 370
⑤ 380

12

	1	5	25	125	625	3,125	( )

① 15,625
② 15,652
③ 16,545
④ 16,352
⑤ 16,745

13

| 1 3 11 43 171 ( ) |

① 232 ② 459
③ 683 ④ 855
⑤ 927

14

$$\frac{2}{7} \quad \frac{10}{6} \quad \frac{50}{5} \quad \frac{250}{4} \quad (\quad)$$

① $\frac{1,250}{4}$ ② $\frac{1,000}{4}$
③ $\frac{1,250}{3}$ ④ $\frac{1,000}{3}$
⑤ $\frac{1,250}{2}$

15

| 0.8 2.0 1.0 2.2 1.1 ( ) 1.15 |

① 2.0 ② 2.3
③ 2.6 ④ 2.9
⑤ 3.1

16

$$\frac{2}{512} \quad \frac{4}{256} \quad \frac{8}{128} \quad (\quad) \quad \frac{32}{32}$$

① $\frac{8}{32}$ ② $\frac{16}{32}$
③ $\frac{20}{32}$ ④ $\frac{12}{64}$
⑤ $\frac{16}{64}$

17

$$4 \quad 36 \quad 9 \quad \dfrac{1}{4} \quad \dfrac{1}{36} \quad \dfrac{1}{9} \quad (\quad)$$

① 36   ② 9

③ 4   ④ $\dfrac{1}{9}$

⑤ $\dfrac{1}{36}$

18

$$\underline{6 \quad 6 \quad 4 \quad 8} \quad \underline{3 \quad 5 \quad 7 \quad 1} \quad \underline{9 \quad 4 \quad 3 \quad (\quad)}$$

① 10   ② 11
③ 12   ④ 13
⑤ 14

19

$$\underline{2 \quad 1 \quad 3 \quad 6} \quad \underline{4 \quad 5 \quad 2 \quad 11} \quad \underline{5 \quad 6 \quad 2 \quad (\quad)}$$

① 10   ② 11
③ 12   ④ 13
⑤ 14

20

$$\underline{3 \quad 7 \quad 16} \quad \underline{-1 \quad 3 \quad -8} \quad \underline{(\quad) \quad -4 \quad 3}$$

① 5   ② 7
③ 0   ④ −2
⑤ 8

01 K회사에 근무 중인 S사원은 업무 계약 건으로 출장을 가야 한다. 75km/h로 이동하던 중 점심시간이 되어 전체 거리의 40% 지점에 위치한 휴게소에서 30분 동안 점심을 먹었다. 시계를 확인하니 약속된 시간에 늦을 것 같아 시속 25km/h를 더 올려 이동하였더니, 회사에서 출장지까지 총 3시간 20분이 걸려 도착하였다. K회사에서 출장지까지의 거리는?

① 100km ② 150km
③ 200km ④ 250km
⑤ 300km

02 농도 9%의 소금물 xg과 농도 18%의 소금물 yg을 섞어 농도 12%의 소금물을 만들려고 했으나, 잘못하여 농도 9%의 소금물 yg과 농도 18% 소금물 xg을 섞었다. 이렇게 만들어진 소금물의 농도는?

① 13% ② 14%
③ 15% ④ 16%
⑤ 20%

03 올해 아버지의 나이는 은서 나이의 2배이고, 지은이 나이의 7배이다. 은서와 지은이의 나이 차이가 15세라면, 아버지의 나이는?

① 38세 ② 39세
③ 40세 ④ 41세
⑤ 42세

04 K회사는 야유회에서 가로의 길이가 40cm, 세로의 길이가 16cm인 돗자리를 붙여 하나의 큰 정사각형 모양의 자리를 만들려고 한다. 필요한 돗자리의 최소 개수는?

① 8개 ② 10개
③ 12개 ④ 14개
⑤ 15개

05 볼펜 29자루, 지우개 38개, 샤프 26개를 가지고 가능한 한 많은 학생들에게 똑같이 나누어 주면 볼펜은 1개가 부족하고, 샤프와 지우개는 2개가 남는다면, 이때 학생 수는?

① 5명 ② 6명
③ 7명 ④ 8명
⑤ 9명

06 K회사의 구내식당에서는 파란색과 초록색의 두 가지 색깔의 식권을 판매한다. 파란색 식권은 1장에 1명이 식사가 가능하고, 초록색 식권은 1장에 2명까지 식사가 가능할 때 파란색 식권 3장과 초록색 식권 2장이면 최대 몇 명까지 식사가 가능한가?

① 5명　　　　　　　　　　　　　② 6명
③ 7명　　　　　　　　　　　　　④ 8명
⑤ 9명

07 다음은 각 지역이 중앙정부로부터 배분받은 지역산업 기술개발 사업 예산 중 다른 지역으로 유출된 예산의 비중에 관한 자료이다. 이를 보고 판단한 내용 중 옳지 않은 것은?

〈지역별 지역산업 기술개발 사업 예산 유출 비중〉

(단위 : %)

구분	2019년	2020년	2021년	2022년	2023년
강원	21.9	2.26	4.74	4.35	10.08
경남	2.25	1.55	1.73	1.90	3.77
경북	0	0	3.19	2.25	2.90
광주	0	0	0	4.52	2.85
대구	0	0	1.99	7.19	10.51
대전	3.73	5.99	4.87	1.87	0.71
부산	2.10	2.02	3.08	5.53	5.72
수도권	0	0	23.71	0	0
울산	6.39	6.57	12.65	7.13	9.62
전남	1.35	0	6.98	5.45	7.55
전북	0	0	2.19	2.67	5.84
제주	0	1.32	6.43	5.82	6.42
충남	2.29	1.54	3.23	4.45	4.32
충북	0	0	1.58	4.13	5.86

① 2020년부터 부산의 유출된 예산 비중이 계속 상승하고 있다.
② 조사 기간에 다른 지역으로 유출된 예산이 가장 적은 곳은 광주이다.
③ 2019년 강원의 유출된 예산 비중은 다른 모든 지역의 비중의 합보다 높다.
④ 지역별로 유출된 예산 비중의 총합이 가장 높은 연도는 2021년이다.
⑤ 조사 기간 동안 전년보다 비중이 가장 크게 변동된 지역은 수도권이다.

08 다음은 30세 이상 성인 남녀의 고혈압 분포에 관한 자료이다. 이를 보고 판단한 내용 중 옳지 않은 것은?

〈30세 이상 성인 남녀 고혈압 분포〉

(단위 : %)

구분		전체	남자	여자
2012년	전체	29.0	31.1	27.0
	30 ~ 39세	12.3	18.6	6.2
	40 ~ 49세	25.1	30.5	19.6
	50 ~ 59세	39.6	42.2	37.2
	60 ~ 69세	47.6	44.0	50.6
	70세 이상	58.5	48.8	63.4
2022년	전체	25.6	26.8	24.4
	30 ~ 39세	7.6	13.3	1.6
	40 ~ 49세	16.8	20.8	12.6
	50 ~ 59세	33.9	36.8	30.9
	60 ~ 69세	45.9	42.3	49.1
	70세 이상	58.9	51.5	63.3

① 2012년과 2022년 70세 이상 남녀 모두 절반 이상이 고혈압 증세를 보이고 있다.

② 2012년과 2022년 모두 연령대가 증가할수록 고혈압 증세 비율이 많아지고 있다.

③ 50대까지는 남자의 고혈압 증세 비율이 높고, 60대가 넘어서면 여자의 고혈압 증세 비율이 높아지는 것을 알 수 있다.

④ 전체적으로 볼 때, 70대 미만의 경우에는 2022년이 2012년에 비해 고혈압 환자의 비율이 적어졌다는 것을 알 수 있다.

⑤ 2012년과 2022년 모두 전체적으로 보면 고혈압 환자의 비율은 남자가 여자보다 많다고 할 수 있다.

09 다음은 지식재산권 심판청구 현황에 관한 자료이다. 이를 보고 판단한 내용 중 옳지 않은 것은?

〈지적재산권 심판청구 현황〉

(단위 : 건, 개월)

구분		2018년	2019년	2020년	2021년
심판청구 건수	계	20,990	17,124	15,188	15,883
	특허	12,238	10,561	9,270	9,664
	실용신안	906	828	559	473
	디자인	806	677	691	439
	상표	7,040	5,058	4,668	5,307
심판처리 건수	계	19,473	16,728	15,552	16,554
	특허	10,737	9,882	9,632	9,854
	실용신안	855	748	650	635
	디자인	670	697	677	638
	상표	7,211	5,401	4,593	5,427
심판처리 기간	특허·실용신안	5.9	8.0	10.6	10.2
	디자인·상표	5.6	8.0	9.1	8.2

① 2018년부터 2021년까지 수치가 계속 증가한 항목은 하나도 없다.

② 심판청구 건수보다 심판처리 건수가 더 많은 해도 있다.

③ 2018년부터 2021년까지 건수가 지속해서 감소한 항목은 2개이다.

④ 2021년에는 특허·실용신안의 심판처리 기간이 2018년에 비해 70% 이상 더 길어졌다.

⑤ 2021년 심판청구의 각 항목의 건수는 다른 해보다 많다.

10 다음은 A시 마을의 상호 간 태양광 생산 잉여전력 판매량 및 구매량에 관한 자료이다. 이에 대한 설명으로 옳지 않은 것은?(단, A시 마을은 제시된 4개 마을이 전부이며, 모든 마을의 전력 판매가는 같다고 가정한다)

〈A시 마을 상호 간 태양광 생산 잉여전력 판매량 및 구매량〉

(단위 : kW)

판매량 \ 구매량	갑 마을	을 마을	병 마을	정 마을
갑 마을	–	180	230	160
을 마을	250	–	200	190
병 마을	150	130	–	230
정 마을	210	220	140	–

※ (거래 수지)＝(판매량)－(구매량)

① 총거래량이 같은 마을은 없다.
② 갑 마을이 을 마을에 40kW를 더 판매했다면, 을 마을의 구매량은 병 마을보다 많게 된다.
③ 태양광 전력 거래 수지가 흑자인 마을은 을 마을뿐이다.
④ 전력을 가장 많이 판매한 마을과 가장 많이 구매한 마을은 각각 을 마을과 갑 마을이다.
⑤ 구매량이 거래량의 40% 이하인 마을은 없다.

11 다음은 국내 스포츠 경기 4종목의 경기 수에 대한 자료이다. 이에 대한 설명으로 옳지 않은 것은?

〈국내 스포츠 종목별 경기 수〉

(단위 : 회)

구분	2019년	2020년	2021년	2022년	2023년
농구	400	408	410	400	404
야구	470	475	478	474	478
배구	220	225	228	230	225
축구	230	232	236	240	235

① 농구의 2020년 전년 대비 경기 수 증가율은 2023년 전년 대비 경기 수 증가율보다 높다.
② 2019년 농구와 배구의 경기 수 차이는 야구와 축구 경기 수 차이의 70% 이상이다.
③ 2020년부터 2022년까지 경기 수가 증가하는 스포츠는 1종목이다.
④ 2023년 경기 수가 2021년부터 2022년까지의 종목별 평균 경기 수보다 많은 스포츠는 1종목이다.
⑤ 2021년부터 2022년까지의 야구 평균 경기 수는 축구 평균 경기 수의 2배이다.

12 다음은 2023년 예식장 사업 형태에 대한 자료이다. 이에 대한 설명으로 옳지 않은 것은?

〈예식장 사업 형태〉

(단위 : 개, 십억 원)

구분	개인경영	회사법인	회사 이외의 법인	비법인 단체	합계
사업체 수	900	50	85	15	1,050
매출	270	40	17	3	330
비용	150	25	10	2	187

※ $[수익률(\%)] = \left[\dfrac{(매출)}{(비용)} - 1 \right] \times 100$

① 예식장 사업은 대부분 개인경영 형태로 이루어지고 있다.
② 사업체 1개당 매출액이 가장 큰 예식장 사업 형태는 회사법인이다.
③ 수익률이 가장 높은 예식장 사업 형태는 회사법인이다.
④ 개인경영 형태의 예식장 수익률은 비법인 단체 형태의 예식장 수익률의 2배 미만이다.
⑤ 개인경영 형태 사업체 수는 개인경영 형태를 제외한 나머지 예식장 사업 형태의 평균 사업체 수의 20배 미만이다.

13 다음은 K회사의 구성원을 대상으로 한 2021년 전·후로 가장 선호하는 언론매체에 대한 설문조사 결과 자료이다. 이에 대한 설명으로 옳은 것은?

〈2021년 전·후로 선호하는 언론매체별 K회사의 구성원 수〉

(단위 : 명)

2021년 이전 ＼ 2021년 이후	TV	인터넷	라디오	신문
TV	40	55	15	10
인터넷	50	30	10	10
라디오	40	40	15	15
신문	35	20	20	15

① 2021년 이후에 가장 선호하는 언론매체는 인터넷이다.
② 2021년 전·후로 가장 인기 없는 매체는 라디오이다.
③ 2021년 이후에 인터넷을 선호하는 구성원 모두 2019년 이전에도 인터넷을 선호했다.
④ 2021년 이후에 가장 선호하는 언론매체를 신문에서 인터넷으로 바꾼 구성원은 20명이다.
⑤ 2021년 이전 TV에서 라디오를 선호하게 된 구성원 수는 인터넷에서 라디오를 선호하게 된 구성원 수와 같다.

14 다음은 어느 지역에서 세대 간 직업 이동성을 알아보기 위하여 임의로 표본 추출하여 조사한 자료이다. 이에 대한 〈보기〉의 설명 중 옳은 것을 모두 고르면?(단, 직업은 편의상 A, B, C로 구분하였다)

〈세대 간 직업 이동성 비율〉

(단위 : %)

부모의 직업 ＼ 자녀의 직업	A	B	C
A	45	48	7
B	5	70	25
C	1	50	49

※ 전체 부모 세대의 직업은 A가 10%, B가 40%, C가 50%이고, 조사한 부모당 자녀 수는 한 명이다.

―〈보기〉―

㉠ 자녀의 직업이 C일 확률은 $\dfrac{81}{100}$ 이다.

㉡ 자녀의 직업이 B인 경우에 부모의 직업이 C일 확률은 구할 수 없다.

㉢ 부모와 자녀의 직업이 모두 A일 확률은 $0.1 \times \dfrac{45}{100}$ 이다.

㉣ 자녀의 직업이 A일 확률은 부모의 직업이 A일 확률보다 낮다.

① ㉠, ㉢ ② ㉠, ㉣

③ ㉡, ㉢ ④ ㉡, ㉣

⑤ ㉢, ㉣

15 다음은 K중학교 재학생의 주말 평균 공부시간에 대한 자료이다. 이에 대한 설명으로 옳지 않은 것은?

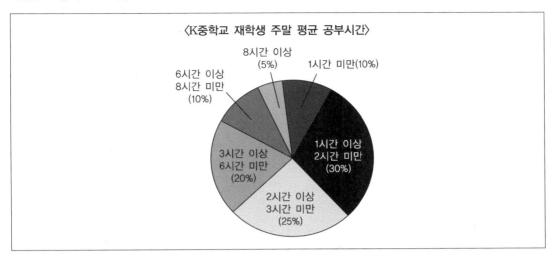

① 주말 평균 공부시간이 8시간 이상인 학생의 비율이 가장 작다.
② 주말 평균 공부시간이 2시간 미만인 학생은 전체의 절반 미만이다.
③ 주말 평균 공부시간이 3시간 이상인 학생은 전체의 절반을 넘는다.
④ 주말 평균 공부시간이 1시간 미만인 학생의 비율과 6시간 이상 8시간 미만인 학생의 비율은 같다.
⑤ 주말 평균 공부시간이 2시간 이상 3시간 미만인 학생의 비율은 8시간 이상인 학생의 비율의 5배이다.

16 다음은 K사의 제품 한 개당 들어가는 재료비를 연도별로 나타낸 그래프이다. 다음 중 전년도에 비해 비용 감소액이 가장 큰 해는?

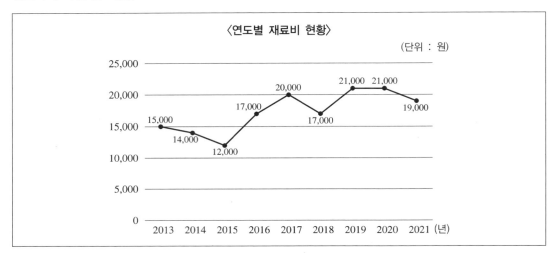

① 2014년   ② 2015년
③ 2017년   ④ 2018년
⑤ 2021년

17 다음 그래프는 K공사의 최근 4년간 청렴도 측정 결과 추세를 나타낸 자료이다. 이를 이해한 것으로 옳지 않은 것은?(단, 소수점 둘째 자리에서 반올림한다)

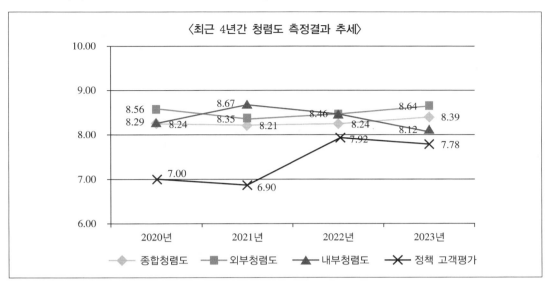

① 최근 4년간 내부청렴도의 평균은 외부청렴도 평균보다 낮다.
② 2021 ~ 2023년 외부청렴도와 종합청렴도의 증감 추이는 같다.
③ 내부청렴도와 정책 고객평가는 2023년에 하락하였다.
④ 전년 대비 가장 크게 하락한 항목은 2022년의 내부청렴도이다.
⑤ 정책 고객평가가 전년 대비 가장 높은 비율의 변화가 있던 것은 2022년이다.

18 C씨는 올해 총 6번의 토익시험에 응시하였다. 2회 차 시험점수가 620점 이상 700점 이하였고 토익 평균점수가 750점이었을 때, ㉡에 들어갈 수 있는 최소 점수는?

1회	2회	3회	4회	5회	6회
620점	㉠	720점	840점	㉡	880점

① 720점   ② 740점
③ 760점   ④ 780점
⑤ 800점

19 다음은 자동차 판매현황에 대한 자료이다. 이에 대한 〈보기〉의 설명 중 옳은 것을 모두 고르면?

〈자동차 판매현황〉

(단위 : 천 대)

구분	2020년	2021년	2022년
소형	30	50	40
준중형	200	150	180
중형	400	200	250
대형	200	150	100
SUV	300	400	200

〈보기〉

ㄱ 2020 ~ 2022년 동안 판매량이 지속적으로 감소하는 차종은 2종류이다.
ㄴ 2021년 대형 자동차 판매량은 전년 대비 30% 미만 감소했다.
ㄷ 2020 ~ 2022년 동안 SUV 자동차의 총판매량은 대형 자동차 총판매량의 2배이다.
ㄹ 2021년 대비 2022년에 판매량이 증가한 차종 중 증가율이 가장 높은 차종은 준중형이다.

① ㄱ, ㄷ
② ㄴ, ㄷ
③ ㄴ, ㄹ
④ ㄱ, ㄴ, ㄹ
⑤ ㄱ, ㄷ, ㄹ

20 다음은 주요 선진국과 BRICs의 고령화율을 나타낸 표이다. 2040년의 고령화율이 2010년 대비 3배 이상이 되는 나라를 〈보기〉에서 모두 고르면?

〈주요 선진국과 BRICs 고령화율〉

(단위 : %)

구분	한국	미국	프랑스	영국	독일	일본	브라질	러시아	인도	중국
1990년	5	12	14	13	15	11	4	10	2	5
2000년	7	12	16	15	16	17	5	12	3	6
2010년	11	13	20	16	20	18	7	13	4	10
2020년	15	16	20	20	23	28	9	17	6	11
2030년(예상치)	24	20	25	25	28	30	16	21	10	16
2040년(예상치)	33	26	30	32	30	36	21	26	16	25

─〈보기〉─

ㄱ 한국   ㄴ 미국
ㄷ 일본   ㄹ 브라질
ㅁ 인도

① ㄱ, ㄴ, ㄷ   ② ㄱ, ㄴ, ㄹ
③ ㄱ, ㄹ, ㅁ   ④ ㄴ, ㄷ, ㅁ
⑤ ㄷ, ㄹ, ㅁ

※ 다음 기호들은 일정한 규칙에 따라 도형을 변화시킨다. 주어진 도형을 도식에 따라 변화시켰을 때의 결과로 옳은 것을 고르시오(단, 주어진 조건이 두 가지 이상일 때, 모두 일치해야 Yes로 이동한다). **[1~2]**

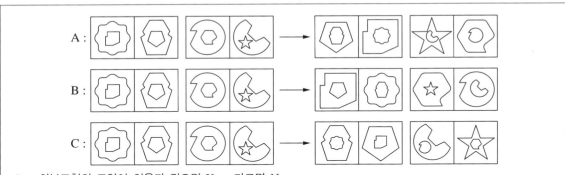

○ : 외부도형의 모양이 처음과 같으면 Yes, 다르면 No
□ : 내부도형의 모양이 처음과 같으면 Yes, 다르면 No
△ : 외부·내부도형의 모양이 처음과 같으면 Yes, 다르면 No

01

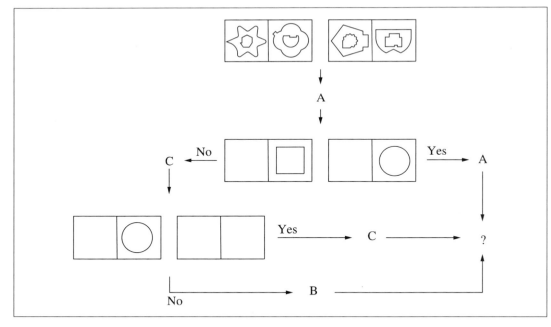

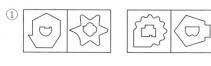

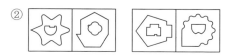

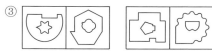

02

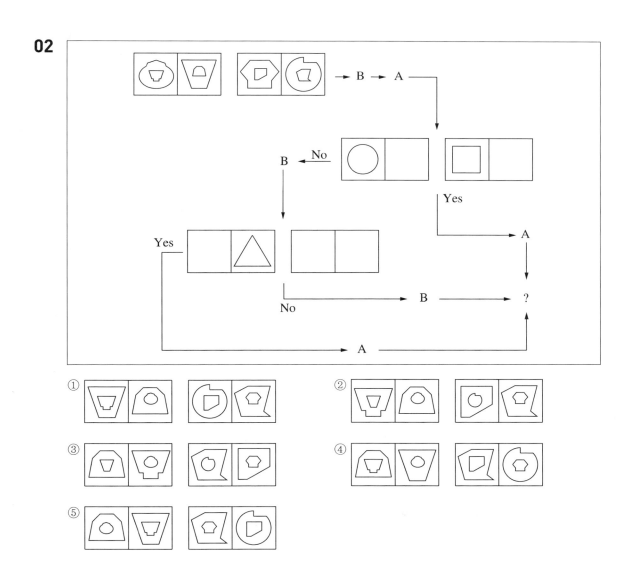

※ 다음 도식의 기호들은 일정한 규칙에 따라 도형을 변화시킨다. 〈보기〉의 규칙을 찾고 ?에 들어갈 알맞은 도형을 고르시오. [3~11]

03

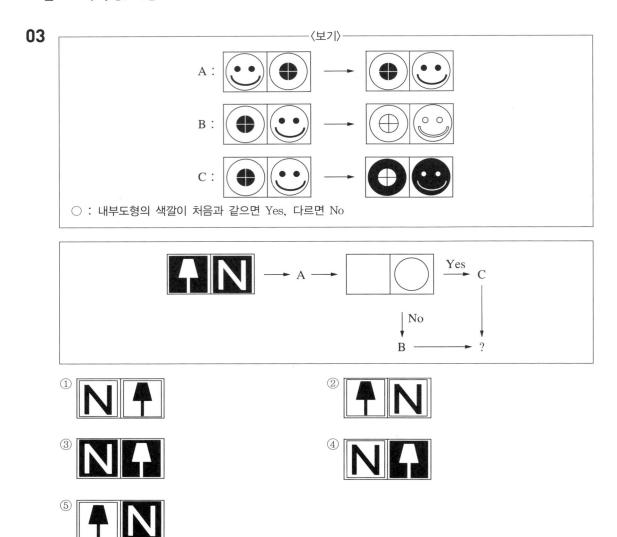

①
②
③
④
⑤

04

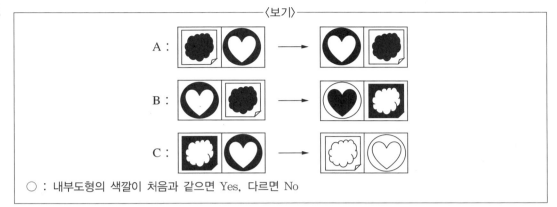

〈보기〉

○ : 내부도형의 색깔이 처음과 같으면 Yes, 다르면 No

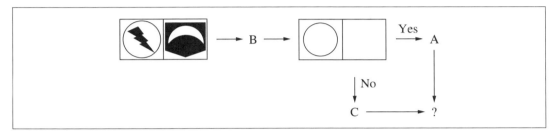

① 　　②

③ 　　④

⑤

05

〈보기〉

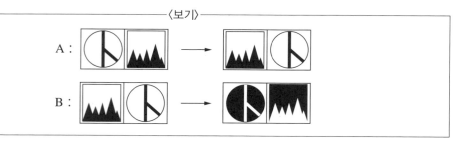

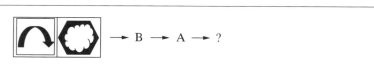

①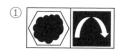

②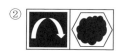

③

④

⑤

06

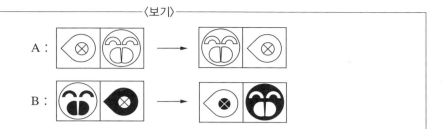

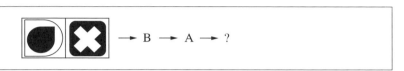

①

②

③

④

⑤

07

〈보기〉

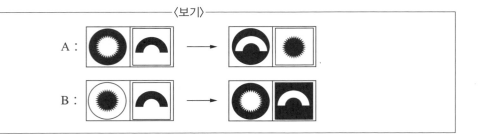

① 　　　　②

③ 　　　　④

⑤

08

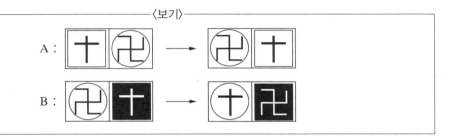

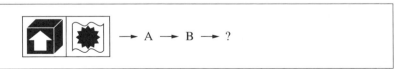

①

②

③

④

⑤

09

〈보기〉

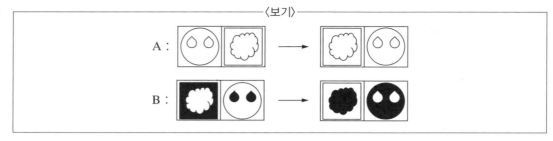

① 　　　　②

③ 　　　　④

⑤

10

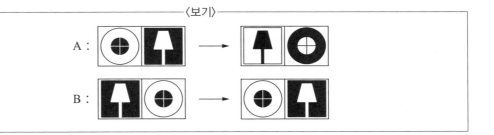

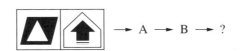

① 　　　　　②

③ 　　　　　④

⑤

11

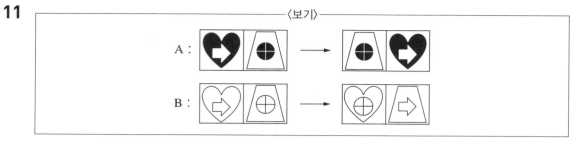

① 　　　　②

③ 　　　　④

⑤

※ 다음 도식의 기호들은 일정한 규칙에 따라 도형을 변화시킨다. 〈보기〉의 규칙을 찾고 ?에 들어갈 알맞은 도형을 고르시오. [12~13]

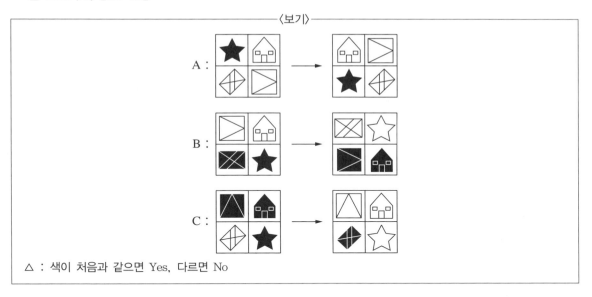

△ : 색이 처음과 같으면 Yes, 다르면 No

12

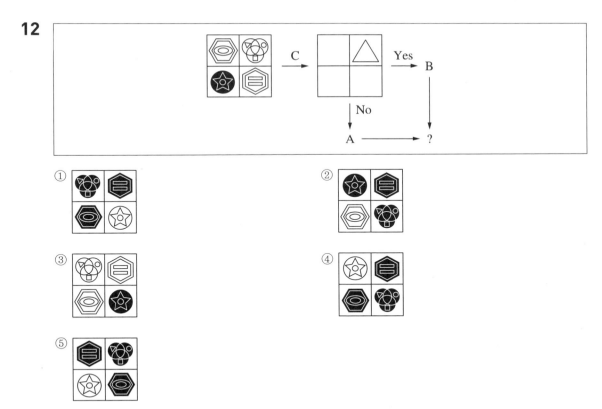

13

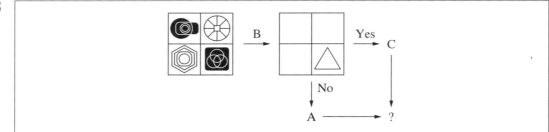

①

②

③

④

⑤

※ 다음 도식의 기호들은 일정한 규칙에 따라 도형을 변화시킨다. 〈보기〉의 규칙을 찾고 ?에 들어갈 알맞은 도형을 고르시오. [14~15]

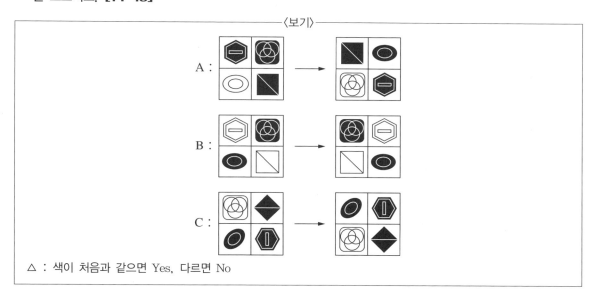

△ : 색이 처음과 같으면 Yes, 다르면 No

14

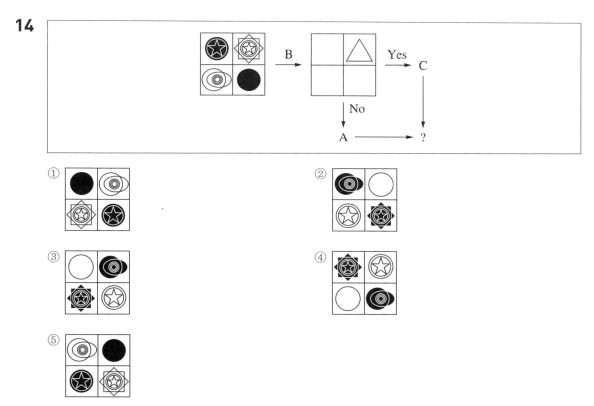

15

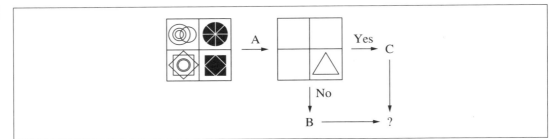

①

②

③

④

⑤

제3회
KT그룹
온라인 종합적성검사

〈문항 및 시험시간〉

KT그룹 온라인 종합적성검사		
영역	문항 수	영역별 제한시간
언어	20문항	20분
언어·수추리	20문항	25분
수리	20문항	25분
도형	15문항	20분

제3회 모의고사

| 문항 수 : 75문항 |
| 시험시간 : 90분 |

제 1영역 언어

※ 다음 제시된 문장을 논리적 순서대로 바르게 나열한 것을 고르시오. [1~4]

01

(가) 점차 우리의 생활에서 집단이 차지하는 비중이 커지고, 사회가 조직화되어 가는 현대 사회에서는 개인의 윤리 못지않게 집단의 윤리, 즉 사회 윤리의 중요성도 커지고 있다.

(나) 따라서 우리는 현대 사회의 특성에 맞는 사회 윤리의 정립을 통해 올바른 사회를 지향하는 노력을 계속해야 할 것이다.

(다) 그러나 이러한 사회 윤리가 단순히 개개인의 도덕성이나 윤리 의식의 강화에 의해서만 이루어지는 것은 아니다.

(라) 물론 그것은 인격을 지니고 있는 개인과는 달리 전체의 이익을 합리적으로 추구하는 사회의 본질적 특성에서 연유하는 것이기도 하다.

(마) 그것은 개개인이 도덕적이라는 것과 그들로 이루어진 사회가 도덕적이라는 것은 별개의 문제이기 때문이다.

① (가) - (나) - (다) - (라) - (마)
② (가) - (나) - (라) - (다) - (마)
③ (가) - (나) - (마) - (라) - (다)
④ (가) - (다) - (나) - (라) - (마)
⑤ (가) - (다) - (마) - (라) - (나)

02

(가) 왜냐하면 눈과 자율신경을 통한 인간의 정신적·생리적 삶의 리듬은 일별, 월별로 변화하는 주광에 영향을 받기 때문이다.

(나) 인공광은 변화하는 주광과 달리 시간의 제약 없이 빛의 밝기를 원하는 대로 조절할 수 있지만, 인간의 건강과 안락감에 부정적 영향을 미치는 측면을 간과할 수 없다.

(다) 우리가 전등이라고 부르는 인공광은 빛의 조도 조절, 야간 조명, 기후나 기상에 따른 변화 등에 대처하기 위해서 필요하다.

(라) 하지만 인공광은 생리적 반응에 있어서 자연광과 일치하지 않기 때문에 인간의 시각적 적응 능력을 필요로 하며, 자연 채광이 차단된 밀폐된 공간에서는 상황 판단에 혼란을 일으키기 쉽다는 단점이 있다.

① (나) - (가) - (다) - (라)
② (나) - (다) - (가) - (라)
③ (다) - (나) - (가) - (라)
④ (다) - (라) - (나) - (가)
⑤ (라) - (가) - (나) - (다)

03

(가) 그뿐 아니라, 자신을 알아주는 이, 즉 지기자(知己者)를 위해서라면 기꺼이 자신의 전부를 버릴 수 있어야 하며, 더불어 은혜는 은혜대로, 원수는 원수대로 자신이 받은 만큼 되갚기 위해 진력하여야 한다.

(나) 무공이 높다고 하여 반드시 협객으로 인정되지 않는 이유는 바로 이런 원칙에 위배되는 경우가 심심치 않게 발생하기 때문이다. 요컨대 협이란 사생취의(捨生取義)의 정신에 입각하여 살신성명(殺身成名)의 의지를 실천하는 것, 또는 그러한 실천을 기꺼이 감수할 준비가 되어 있는 상태를 뜻한다고 할 수 있다.

(다) 협으로 인정받기 위해서는 무엇보다도 절개와 의리를 숭상하여야 하며, 개인의 존엄을 중시하고 간악함을 제거하기 위해 노력해야만 한다. 신의(信義)를 목숨보다도 중히 여길 것도 강조되는데, 여기서의 신의란 상대방을 향한 것인 동시에 스스로에게 해당되는 것이기도 하다.

(라) 무(武)와 더불어 보다 신중하게 다루어야 할 것이 '협(俠)'의 개념이다. 무협 소설에서 문제가 되는 협이란 무덕(武德), 즉 무인으로서의 덕망이나 인격과 관계가 되는 것으로, 이는 곧 무공 사용의 전제가 되는 기준 내지는 원칙이라고 할 수 있다.

① (나) – (다) – (가) – (라)
② (나) – (다) – (라) – (가)
③ (다) – (라) – (나) – (가)
④ (라) – (가) – (다) – (나)
⑤ (라) – (다) – (가) – (나)

04

(가) 이들의 주장한 바로는 아이들의 언어 습득은 '자극 – 반응 – 강화'의 과정을 통해 이루어진다. 즉, 행동주의 학자들은 후천적인 경험이나 학습을 언어 습득의 요인으로 본다.

(나) 이러한 촘스키의 주장은 아이들이 선천적으로 지니고 태어나는 언어 능력에 주목함으로써 행동주의 학자들의 주장만으로는 설명할 수 없었던 복잡한 언어 습득 과정을 효과적으로 설명해 주고 있다.

(다) 그러나 이러한 행동주의 학자들의 주장은 아이들의 언어 습득 과정을 후천적인 요인으로만 파악하려 한다는 점에서 비판을 받는다.

(라) 아이들은 어떻게 언어를 습득하는 걸까? 이 물음에 대해 행동주의 학자들은 아이들이 다른 행동을 배울 때와 마찬가지로 지속적인 모방과 학습을 통해 언어를 습득한다고 주장한다.

(마) 미국의 언어학자 촘스키는 아이들이 의식적인 노력이나 훈련 없이도 모국어를 완벽하게 구사하는 이유가 태어나면서부터 두뇌 속에 '언어습득장치(LAD)'라는 것을 가지고 있기 때문이라고 주장한다.

① (라) – (가) – (다) – (마) – (나)
② (라) – (다) – (가) – (나) – (마)
③ (라) – (다) – (가) – (마) – (나)
④ (마) – (가) – (나) – (다) – (라)
⑤ (마) – (가) – (라) – (나) – (다)

※ 다음 글의 주제로 가장 적절한 것을 고르시오. [5~6]

05

BMO 금속 및 광업 관련 리서치 보고서에 따르면 최근 가격 강세를 지속해 온 알루미늄, 구리, 니켈 등 산업 금속들이 4분기 중 공급부족 심화와 가격 상승세가 전망된다. 산업금속이란, 산업에 필수적으로 사용되는 금속들을 말하는데, 앞서 제시한 알루미늄, 구리, 니켈뿐만 아니라 비교적 단단한 금속에 속하는 은이나 금 등도 모두 산업에 많이 사용될 수 있는 금속이므로 산업금속의 카테고리에 속한다고 할 수 있다. 이러한 산업 금속은 물품을 생산하는 기계의 부품으로서 필요하기도 하고, 전자제품 등의 소재로 쓰이기도 하기 때문에 특정 분야의 산업이 활성화되면 특정 금속의 가격이 뛰거나 심각한 공급난을 겪기도 한다.

지난 4일 금융투자업계에 따르면 최근 전세계적인 경제 회복 조짐과 함께 탈 탄소 트렌드, 즉 '그린 열풍'에 따른 수요 증가로 산업금속 가격이 초강세이다. 런던금속거래소에서 발표한 자료에 따르면 올해 들어 지난달 까지 알루미늄은 20.7%, 구리가 47.8%, 니켈은 15.9% 각각 가격이 상승했다. 자료에서도 알 수 있듯이 구 리 수요를 필두로 알루미늄, 니켈 등 전반적인 산업금속 섹터의 수요량이 증가하였다. 이는 전기자동차 산업 의 확충과 관련이 있다. 전기자동차의 핵심적인 부품인 배터리를 만드는 데에 구리와 니켈이 사용되기 때문 이다. 이때, 배터리 소재 중 니켈의 비중을 높이면 배터리의 용량을 키울 수 있으나 배터리의 안정성이 저하 된다. 기존의 전기자동차 배터리는 니켈의 사용량이 높았기 때문에 더욱 안정성 문제가 제기되어 왔다. 그래 서 연구 끝에 적정량의 구리를 배합하는 것이 배터리 성능과 안정성을 모두 향상시키기 위해서 중요하다는 것을 밝혀내었다. 구리가 전기자동차 산업의 핵심 금속인 셈이다.

이처럼 전기자동차와 배터리 등 친환경 산업에 필수적인 금속들의 수요는 증가하는 반면 세계 각국의 환경 규제 강화로 인해 금속의 생산은 오히려 감소하고 있기 때문에 산업금속에 대한 공급난과 가격 인상이 우려 되고 있다.

① 전기자동차의 배터리 성능을 향상하는 기술
② 세계적인 '그린 열풍' 현상 발생의 원인
③ 필수적인 산업금속 공급난으로 인한 문제
④ 전기자동차 확충에 따른 구리 수요 증가 상황
⑤ 탈 탄소 산업의 대표 주자인 전기자동차산업

06

공동주택이 고층화·고밀화되면서 여러 가지 장단점이 꾸준히 논의되어 왔지만, 갈수록 그 논의의 중요성과 필요성이 커지는 것이 바로 이웃과의 관계다. 공동주택의 주거문화를 비단 경제적으로뿐 아니라 사회·문화적인 면에서도 안정적으로 정착시키기 위해서는 이웃과 함께 살아가는 공유 공간, 사회적 공간으로서 공동체의 규범과 신뢰를 우리 스스로 구축할 필요가 있다.

공동주택은 개인 주거공간으로서의 특성과 이웃과 함께 살아가는 사회적 공간으로서의 특성을 동시에 갖는다. 독립된 생활공간으로서의 편리함과 안전성을 보장받을 권리가 있는 한편, '공동' 주택으로서 함께 사는 이들에 대한 기본적인 이해와 배려도 여전히 필요하다. 어쩌면 예전처럼 자연스럽게 이웃과 소통하며 살지 않게 되었기 때문에 더 적극적으로 혹은 필연적으로 그러한 노력을 기울여야 할지도 모른다.

사회·경제 그리고 인구 구조의 변화는 주거문화에 영향을 미치고, 주거문화는 사람의 라이프 스타일을 변화시킨다. 이 과정에서 일어나는 의견 충돌이나 새로운 양상은 '문제'가 아니라 '숙제'다. 새로운 국면을 맞이할 때면 언제나 발생하고 풀어나가야 하는 과정일 뿐이다. 그러니 올바른 공동주택 주거문화에 대해 함께 고민하고 서로 이야기하면 된다.

① 공동주택 주거문화의 문제점
② 지금, 우리의 공동주택 현황
③ 공동주택과 새로운 주거문화
④ 변해가는 이웃과의 관계
⑤ 공동주택 생활에서의 이웃 소외 문제

※ 다음 글의 제목으로 가장 적절한 것을 고르시오. [7~8]

07

우리는 비극을 즐긴다. 비극적인 희곡과 소설을 즐기고, 비극적인 그림과 영화 그리고 비극적인 음악과 유행가도 즐긴다. 슬픔, 애절, 우수의 심연에 빠질 것을 알면서도 소포클레스의 「안티고네」, 셰익스피어의 「햄릿」을 찾고, 베토벤의 「운명」, 차이코프스키의 「비창」, 피카소의 「우는 연인」을 즐긴다. 아니면 텔레비전의 멜로드라마를 보고 값싼 눈물이라도 흘린다. 이를 동정과 측은과 충격에 의한 '카타르시스', 즉 마음의 세척으로 설명한 아리스토텔레스의 주장은 유명하다. 그것은 마치 눈물로 스스로의 불안, 고민, 고통을 씻어내는 역할을 한다는 것이다.

니체는 좀 더 심각한 견해를 갖는다. 그는 "비극은 언제나 삶에 아주 긴요한 기능을 가지고 있다. 비극은 사람들에게 그들을 싸고도는 생명 파멸의 비운을 똑바로 인식해야 할 부담을 덜어주고, 동시에 비극 자체의 암울하고 음침한 원류에서 벗어나게 해서 그들의 삶의 흥취를 다시 돋우어 준다."라고 하였다. 그런 비운을 직접 전면적으로 목격하는 일, 또 더구나 스스로 직접 그것을 겪는 일이라는 것은 너무나 끔찍한 일이기에, 그것을 간접경험으로 희석한 비극을 봄으로써 '비운'이란 그런 것이라는 이해와 측은지심을 갖게 되고, 동시에 실제 비극이 아닌 그 가상적인 환영(幻影) 속에서 비극에 대한 어떤 안도감도 맛보게 된다.

① 비극의 현대적 의의   ② 비극에 반영된 삶
③ 비극의 기원과 역사   ④ 비극을 즐기는 이유
⑤ 비극과 희극의 차이

08

누구나 깜빡 잊어버리는 증상을 겪을 수 있다. 나이가 들어서 자꾸 이런 증상이 나타난다면 치매가 아닐까 걱정하게 마련인데 이 중 정말 치매인 경우와 단순 건망증을 어떻게 구분해 낼 수 있을까?

치매란 기억력 장애와 함께 실행증, 집행기능의 장애 등의 증상이 나타나며 이런 증상이 사회적, 직업적 기능에 중대한 지장을 주는 경우라고 정의한다. 증상은 원인 질환의 종류 및 정도에 따라 다른데 아주 가벼운 기억장애부터 매우 심한 행동장애까지 다양하게 나타난다. 일상생활은 비교적 정상적으로 수행하지만 뚜렷한 건망증이 있는 상태를 '경도인지장애'라고 하는데 경도인지장애는 매년 10 ~ 15%가 치매로 진행되기 때문에 치매의 위험인자로 불린다. 모든 치매 환자에게서 공통으로 보이는 증상은 기억장애와 사고력, 추리력, 언어능력 등의 영역에서 동시에 장애를 보이는 것이며 인격 장애, 공격성, 성격의 변화와 비정상적인 행동들도 치매가 진행됨에 따라 나타날 수 있는 증상들이다. 국민건강보험 일산병원 신경과 교수는 "치매를 예방하기 위해서는 대뇌(Cerebrum) 활동 참여, 운동, 뇌졸중 예방, 식습관 개선 및 음주, 흡연을 자제해야 한다."라고 말했다.

한편 치매는 시간이 지나면 악화가 되고 여러 행동이상(공격성, 안절부절 못함, 수면장애, 배회 등)을 보이며 시간이 지나면서 기억력 저하 등의 증상보다는 이런 행동이상에 의한 문제가 더 크기 때문에 행동이상에 대한 조사도 적절히 시행돼야 한다.

① 치매의 의미
② 치매의 종류
③ 인지장애단계 구분
④ 건망증의 분류
⑤ 인지장애의 유형

09

로봇은 일반적으로 센서 및 작동기가 중앙처리장치에 연결된 로봇 신경시스템으로 작동되지만, 이 경우 로봇의 형태에 구속받기 때문에 로봇이 유연하게 움직이는 데 제한이 있다. 로봇 공학자들은 여러 개의 유닛이 결합하는 '모듈러 로봇'이라는 개념을 고안해 이런 제약을 극복하려고 노력해왔다. 벨기에 연구진은 로봇이 작업이나 작업 환경에 반응해 스스로 적당한 형태와 크기를 자동으로 선택하여 변경할 수 있는 모듈러 로봇을 개발했다. 이 로봇은 독립적인 로봇 형체를 갖추기 위해 스스로 쪼개지고 병합할 수 있으며, 감각 및 운동능력을 제어하면서도 스스로 분리되고 새 형체로 병합하는 로봇 신경 시스템을 갖췄다.

연구진은 또한 외부 자극에 의한 반응으로 모듈러 로봇이 독립적으로 움직이도록 설계했다. 외부 자극으로는 녹색 LED를 이용하였는데 이를 통해 개별 모듈러 로봇을 자극하면 로봇은 이 자극에 반응해 움직였다. 자극을 주는 녹색 LED가 너무 가깝게 있으면 뒤로 물러서기도 했다. LED 자극에 따라 10개의 모듈러 로봇은 스스로 2개의 로봇으로 합쳐지기도 하고 1개의 로봇으로 결합하기도 했다.

특히 이 모듈러 로봇은 외부 자극에 대한 반응이 제대로 작동되지 않는 부분을 다른 모듈로 교체하거나 제거하는 작업을 스스로 진행하여 치유할 수 있는 것이 특징이다. 연구진은 후속 연구를 통해 이 로봇을 이용해 벽돌과 같은 물체를 감지하고 들어 올리거나 이동시키는 작업을 할 수 있도록 할 계획이다.

이들은 '미래 로봇은 특정 작업에만 국한돼 설계되거나 구축되지 않을 것'이라며 '이번에 개발한 기술과 시스템이 다양한 작업에 유연하게 대응할 수 있는 로봇을 생산하는 데 기여하게 될 것'이라고 말했다.

① 일반적으로 로봇은 중앙처리장치에 연결된 로봇 신경시스템을 통해 작동된다.

② 모듈러 로봇은 작업 환경에 반응하여 스스로 형태와 크기를 선택할 수 있다.

③ 모듈러 로봇의 신경 시스템은 로봇의 감각 및 운동능력을 제어하면서도 로봇 스스로 분리되도록 한다.

④ 모듈러 로봇이 외부 자극에 대해 제대로 반응하지 않을 경우 관리자는 고장난 부분을 다른 모듈로 교체하거나 제거해줘야 한다.

⑤ 모듈러 로봇의 기술을 통해 미래 로봇은 다양한 작업 환경에 대응할 수 있는 방향으로 개발될 것이다.

10

언어도 인간처럼 생로병사의 과정을 겪는다. 언어가 새로 생겨나기도 하고 사멸 위기에 처하기도 하는 것이다. 하와이어도 사멸 위기를 겪었다. 하와이어의 포식 언어는 영어였다. 1778년 당시 80만 명에 달했던 하와이 원주민은 외부로부터 유입된 감기, 홍역 등의 질병과 정치·문화적 박해로 1900년에는 4만 명까지 감소했다. 당연히 하와이어의 사용자도 급감했다. 1898년에 하와이가 미국에 합병되면서부터 인구가 증가하였으나, 하와이어의 위상은 영어 공용어 교육 정책 시행으로 인하여 크게 위축되었다. 1978년부터 몰입식 공교육을 통한 하와이어 복원이 시도되고 있으나, 하와이어 모국어를 구사할 수 있는 원주민 수는 현재 1,000명 정도에 불과하다.

언어의 사멸은 급속도로 진행된다. 어떤 조사에 따르면 평균 2주에 1개 정도의 언어가 사멸하고 있다. 우비크, 쿠페뇨, 맹크스, 쿤월, 음바바람, 메로에, 컴브리아어 등이 사라진 언어이다. 이러한 상태라면 금세기 말까지 지구에 존재하는 언어 가운데 90%가 사라지게 될 것이라는 추산도 가능하다.

① 하와이 원주민의 수는 1900년 이후 100여 년 사이에 약 $\frac{1}{40}$ 로 감소하였다.

② 하와이 원주민은 120여 년 사이에 숫자가 약 $\frac{1}{20}$ 로 감소하였다.

③ 최근 미국의 교육 정책은 하와이어를 보존하기 위한 방향으로 변화되었다.

④ 언어는 끊임없이 새로 생겨나고, 또 사라진다.

⑤ 하와이는 미국에 합병된 후 인구가 증가하였다.

11

흔히 우리 춤을 손으로 추는 선(線)의 예술이라 한다. 서양 춤은 몸의 선이 잘 드러나는 옷을 입고 추는데 반해 우리 춤은 옷으로 몸을 가린 채 손만 드러내놓고 추는 경우가 많기 때문이다. 한마디로 말해서 손이 춤을 구성하는 중심축이 되고, 손 이외의 얼굴과 목과 발 등은 손을 보조하며 춤을 완성하는 역할을 한다. 손이 중심이 되어 만들어 내는 우리 춤의 선은 내내 곡선을 유지한다. 예컨대 승무에서 장삼을 휘저으며 그에 맞추어 발을 내딛는 역동적인 움직임도 곡선이요, 살풀이춤에서 수건의 간드러진 선이 만들어 내는 것도 곡선이다. 해서 지방의 탈춤과 처용무에서도 S자형의 곡선이 연속적으로 이어지면서 춤을 완성해 낸다.

호흡의 조절을 통해 다양하게 구현되는 곡선들 사이에는 우리 춤의 빼놓을 수 없는 구성요소인 '정지'가 숨어 있다. 정지는 곡선의 흐름과 어울리며 우리 춤을 더욱 아름답고 의미 있게 만들어 주는 역할을 한다. 그러나 이때의 정지는 말 그대로의 정지라기보다 '움직임의 없음'이며, 그런 점에서 동작의 연장선상에서 이해해야 한다.

우리 춤에서 정지를 동작의 연장으로 보는 것, 이것은 바로 우리 춤에 담겨 있는 '마음의 몰입'이 발현된 결과이다. 춤추는 이가 호흡을 가다듬으며 다양한 곡선들을 연출하는 과정을 보면 한 순간 움직임을 통해 선을 만들어 내지 않고 멈춰 있는 듯한 장면이 있다. 이런 동작의 정지 상태에서도 멈춤 그 자체로 머무는 것이 아니며, 여백의 그 순간에도 상상의 선을 만들어 춤을 이어가는 것이 몰입 현상이다. 이것이 바로 우리 춤을 가장 우리 춤답게 만들어 주는 특성이라고 할 수 있다.

① 우리 춤의 복장 중 대다수는 몸의 선을 가리는 구조로 되어 있다.
② 우리 춤의 동작은 처음부터 끝까지 쉬지 않고 곡선을 만들어낸다.
③ 승무, 살풀이춤, 탈춤, 처용무 등은 손동작을 중심으로 한 춤의 대표적인 예이다.
④ 우리 춤에서 정지는 하나의 동작과 동등한 것으로 볼 수 있다.
⑤ 몰입 현상이란 춤을 멈추고 상상을 통해 춤을 이어가는 과정을 말한다.

12 종종 독버섯이나 복어 등을 먹고 사망했다는 소식을 접한다. 그럼에도 우리는 흔히 천연물은 안전하다고 생각한다. 자연에 존재하는 독성분이 천연화합물이라는 것을 쉽게 인지하지 못하는 것이다. 이처럼 외부에 존재하는 물질 외에 우리 몸 안에도 여러 천연화합물이 있는데, 부신에서 생성되는 아드레날린이라는 호르몬이 그 예이다.

아드레날린은 1895년 폴란드의 시불스키(Napoleon Cybulski)가 처음으로 순수하게 분리했고, 1897년 미국 존스홉킨스 대학의 아벨(John Jacob Abel)이 그 화학 조성을 밝혔다.

처음에는 동물의 부신에서 추출한 아드레날린을 판매하였으나, 1906년, 합성 아드레날린이 시판되고부터 현재는 모두 합성 제품이 사용되고 있다.

우리가 경계하거나 위험한 상황에 처하면, 가슴이 두근거리면서 심박과 순환하는 혈액의 양이 늘어나게 되는데 이는 아드레날린 때문이다. 아드레날린은 뇌의 신경 자극을 받은 부신에서 생성되어 혈액으로 들어가 빠르게 수용체를 활성화시킨다. 이처럼 아드레날린은 위험을 경계하고 그에 대응해야 함을 알리는 호르몬으로 '경계, 탈출의 호르몬'이라고도 불린다. 또한 아드레날린은 심장마비, 과민성 쇼크, 심한 천식, 알레르기 등에 처방되고 있으며, 안구 수술 전 안압 저하를 위한 안약으로 쓰이는 등 의학에서 널리 쓰이고 있다.

그러나 아드레날린은 우리 몸에서 생산되는 천연물임에도 독성이 매우 커 LD50(50%가 생존 또는 사망하는 양)이 체중 킬로그램당 4mg이다. 이처럼 아드레날린은 생명을 구하는 약인 동시에, 심장이 약한 사람이나 환자에게는 치명적인 독이 된다. 따라서 천연물은 무독하거나 무해하다는 생각은 버려야 한다.

① 아드레날린은 우리 몸속에 존재한다.
② 우리가 놀랄 때 가슴이 두근거리는 것은 아드레날린 때문이다.
③ 현재는 합성 아드레날린을 사용하고 있다.
④ 오늘날 천연 아드레날린과 합성 아드레날린은 함께 사용되고 있다.
⑤ 독버섯 등에 포함된 독성분은 천연화합물이다.

13

사람의 목숨을 좌우할 수 있는 형벌문제는 군현(郡縣)에서 항상 일어나는 것이고 지방 관리가 되면 늘 처리해야 하는 일인데도, 사건을 조사하는 것이 항상 엉성하고 죄를 결정하는 것이 항상 잘못된다.

옛날에 자산이라는 사람이 형벌규정을 정한 형전(刑典)을 새기자 어진 사람들이 그것을 나무랐고, 이회가 법률서적을 만들자 후대의 사람이 그를 가벼이 보았다. 그 뒤 수(隋)나라와 당(唐)나라 때에 와서는 이를 절도(竊盜)·투송(鬪訟)과 혼합하고 나누지 않아서, 세상에서 아는 것은 오직 한패공(漢沛公, 한 고조 유방)이 선언한 '사람을 죽인 자는 죽인다.'는 규정뿐이었다.

그런데 선비들은 어려서부터 머리가 희어질 때까지 오직 글쓰기나 서예 등만 익혔을 뿐이므로 갑자기 지방관리가 되면 당황하여 어찌할 바를 모른다. 그래서 간사한 아전에게 맡겨 버리고는 스스로 알아서 처리하지 못하니, 저 재화(財貨)만을 숭상하고 의리를 천히 여기는 간사한 아전이 어찌 이치에 맞게 형벌을 처리할 수 있겠는가?

① 고대 중국에서는 형벌 문제를 중시하였다.
② 아전을 형벌 전문가로서 높이 평가하고 있다.
③ 조선시대의 사대부들은 형벌에 대해 잘 알지 못했다.
④ 지방관들은 인명을 다루는 사건을 현명하게 처리하고 있다.
⑤ 선비들은 이치에 맞게 형벌을 처리할 수 있었다.

14

극의 진행과 등장인물의 대사 및 감정 등을 관객에게 설명했던 변사가 등장한 것은 1900년대이다. 미국이나 유럽에서도 변사가 있었지만, 그 역할은 미미했을 뿐더러 그마저도 자막과 반주 음악이 등장하면서 점차 소멸하였다. 하지만 주로 동양권, 특히 한국과 일본에서는 변사의 존재가 두드러졌다. 한국에서 변사가 본격적으로 등장한 것은 극장가가 형성된 1910년부터인데, 한국 최초의 변사는 우정식으로, 단성사를 운영하던 박승필이 내세운 인물이었다. 그 후 김덕경, 서상호, 김영환, 박응면, 성동호 등이 변사로 활약했으며 당시 영화 흥행의 성패를 좌우할 정도로 그 비중이 컸다. 단성사, 우미관, 조선 극장 등의 극장은 대개 5명 정도의 변사를 전속으로 두었으며 2명 또는 3명이 교대로 무대에 올라, 한 영화를 담당하였다. 4명 또는 8명의 변사가 한 무대에 등장하여 영화의 대사를 교환하는 일본과는 달리, 한국에서는 한 명의 변사가 영화를 설명하는 방식을 취하였으며, 영화가 점점 장편화 되면서부터는 2명 또는 4명이 번갈아 무대에 등장하는 방식으로 바뀌었다. 변사는 악단의 행진곡을 신호로 무대에 등장하였으며, 소위 전설(前說)을 하였는데 전설이란 활동사진을 상영하기 전에 그 개요를 앞서 설명하는 것이었다. 전설이 끝나면 활동사진을 상영하고 해설을 시작하였다. 변사는 전설과 해설 이외에도 막간극을 공연하기도 했는데 당시 영화관에는 영사기가 대체로 한 대밖에 없었기 때문에 필름을 교체하는 시간을 이용하여 코믹한 내용을 공연하였다.

① 한국과는 달리 일본에서는 변사가 막간극을 공연했다.
② 한국에 극장가가 형성되기 시작한 것은 1900년경이었다.
③ 한국은 영화의 장편화로 무대에 서는 변사의 수가 늘어났다.
④ 자막과 반주 음악의 등장으로 변사의 중요성이 더욱 높아졌다.
⑤ 한국 최초의 변사는 단성사를 운영하던 박승필이다.

15 다음 글이 비판의 대상으로 삼는 주장으로 가장 적절한 것은?

경제 문제는 대개 해결이 가능하다. 대부분의 경제 문제에는 몇 개의 해결책이 있다. 그러나 모든 해결책은 누군가가 상당한 손실을 반드시 감수해야 한다는 특징을 갖고 있다. 하지만 누구도 이 손실을 자발적으로 감수하고자 하지 않으며, 우리의 정치제도는 누구에게도 이 짐을 짊어지라고 강요할 수 없다. 우리의 정치적·경제적 구조로는 실질적으로 제로섬(Zero-sum)적인 요소를 지니는 경제 문제에 전혀 대처할 수 없기 때문이다.

대개의 경제적 해결책은 대규모의 제로섬적인 요소를 갖기 때문에 큰 손실을 수반한다. 모든 제로섬 게임에는 승자가 있다면 반드시 패자가 있으며, 패자가 존재해야만 승자가 존재할 수 있다. 경제적 이득이 경제적 손실을 초과할 수도 있지만, 손실의 주체에게 손실의 의미란 상당한 크기의 경제적 이득을 부정할 수 있을 만큼 매우 중요하다. 어떤 해결책으로 인해 평균적으로 사회는 더 잘살게 될 수도 있지만, 이 평균이 훨씬 더 잘살게 된 수많은 사람과 훨씬 더 못살게 된 수많은 사람을 감춘다. 만약 당신이 더 못살게 된 사람 중 하나라면 내 수입이 줄어든 것보다 다른 누군가의 수입이 더 많이 늘었다고 해서 위안을 얻지는 않을 것이다.

결국 우리는 우리 자신의 수입을 보호하기 위해 경제적 변화가 일어나는 것을 막거나 혹은 사회가 우리에게 손해를 입히는 공공정책이 강제로 시행되는 것을 막기 위해 싸울 것이다.

① 빈부격차를 해소하는 것만큼 중요한 정책은 없다.
② 사회의 총생산량이 많아지게 하는 정책이 좋은 정책이다.
③ 경제문제에서 모두가 만족하는 해결책은 존재하지 않는다.
④ 경제적 변화에 대응하는 정치제도의 기능에는 한계가 존재한다.
⑤ 경제정책의 효율성을 높이는 방법은 일관성을 유지하는 것이다.

16 다음 글의 주장을 비판하기 위한 탐구 활동으로 가장 적절한 것은?

기술은 그 내부적인 발전 경로를 이미 가지고 있으며, 따라서 어떤 특정한 기술(혹은 인공물)이 출현하는 것은 '필연적'인 결과라고 생각하는 사람들이 많다. 이러한 통념을 약간 다르게 표현하자면, 기술의 발전 경로는 이전의 인공물보다 '기술적으로 보다 우수한' 인공물들이 차례차례 등장하는, 인공물들의 연쇄로 파악할 수 있다는 것이다. 그리고 기술의 발전 경로가 '단일한' 것으로 보고, 따라서 어떤 특정한 기능을 갖는 인공물을 만들어 내는 데 있어서 '유일하게 가장 좋은' 설계 방식이나 생산 방식이 있을 수 있다고 가정한다. 이와 같은 생각을 종합하면 기술의 발전은 결코 사회적인 힘이 가로막을 수 없는 것일 뿐 아니라 단일한 경로를 따르는 것이므로, 사람들이 할 수 있는 일은 이미 정해져 있는 기술의 발전 경로를 열심히 추적해 가는 것밖에 남지 않게 된다는 결론이 나온다.

그러나 다양한 사례 연구에 의하면 어떤 특정 기술이나 인공물을 만들어 낼 때, 그것이 특정한 형태가 되도록 하는 데 중요한 역할을 하는 것은 그 과정에 참여하고 있는 엔지니어, 자본가, 소비자, 은행, 정부 등의 이해관계나 가치체계임이 밝혀졌다. 이렇게 보면 기술은 사회적으로 형성된 것이며, 이미 그 속에 사회적 가치를 반영하고 있는 셈이 된다. 뿐만 아니라 복수의 기술이 서로 경쟁하여 그중 하나가 사회에서 주도권을 잡는 과정을 분석해 본 결과, 이 과정에서 중요한 역할을 하는 것은 기술적 우수성이나 사회적 유용성이 아닌, 관련된 사회집단들의 정치적·경제적 영향력인 것으로 드러났다고 한다. 결국 현재에 이르는 기술 발전의 궤적은 결코 필연적이고 단일한 것이 아니었으며, '다르게' 될 수도 있었음을 암시하고 있는 것이다.

① 논거가 되는 연구 결과를 반박할 수 있는 다른 연구 자료를 조사한다.
② 사회 변화에 따라 가치 체계의 변동이 일어나게 되는 원인을 분석한다.
③ 기술 개발에 관계자들의 이해관계나 가치가 작용한 실제 사례를 조사한다.
④ 글쓴이가 문제 삼고 있는 통념에 변화가 생기게 된 계기를 분석한다.
⑤ 글쓴이가 통념을 종합하여 이끌어낸 결론의 타당성을 검토한다.

17 다음 글의 주장에 대해 반박하는 내용으로 적절하지 않은 것은?

> 프랑크푸르트학파는 대중문화의 정치적 기능을 중요하게 본다. 20세기 들어 서구 자본주의 사회에서 혁명이 불가능하게 된 이유 가운데 하나는 바로 대중문화가 대중들을 사회의 권위에 순응하게 함으로써 사회를 유지하는 기능을 하고 있기 때문이라는 것이다. 이 순응의 기능은 두 방향으로 진행된다. 한편으로 대중문화는 대중들에게 자극적인 오락거리를 제공함으로써 정신적인 도피를 유도하여 정치에 무관심하도록 만든다는 것이다. 유명한 3S(Sex, Screen, Sports)는 바로 현실도피와 마취를 일으키는 대표적인 도구들이다. 다른 한편으로 대중문화는 자본주의적 가치관과 이데올로기를 은연 중에 대중들이 받아들이게 하는 적극적인 세뇌 작용을 한다. 영화나 드라마, 광고나 대중음악의 내용이 규격화되어 현재의 지배적인 가치관을 지속해서 주입함으로써, 대중은 현재의 문제를 인식하고 더 나은 상태로 생각할 수 있는 부정의 능력을 상실한 일차원적 인간으로 살아가게 된다는 것이다. 프랑크푸르트학파의 대표자 가운데 한 사람인 아도르노(Adorno)는 특별히 「대중음악에 대하여」라는 글에서 대중음악이 어떻게 이러한 기능을 수행하는지 분석했다. 그의 분석에 따르면, 대중음악은 우선 규격화되어 누구나 쉽고 익숙하게 들을 수 있는 특징을 가진다. 그리고 이런 익숙함은 어려움 없는 수동적인 청취를 조장하여, 자본주의 안에서의 지루한 노동의 피난처 구실을 한다. 그리고 나아가 대중 음악의 소비자들이 기존 질서에 심리적으로 적응하게 함으로써 사회적 접착제의 역할을 한다.

① 대중문화의 영역은 지배계급이 헤게모니를 얻고자 하는 시도와 이에 대한 반대 움직임이 서로 얽혀 있는 곳으로 보아야 한다.

② 대중문화를 소비하는 대중이 문화 산물을 생산한 사람이 의도하는 그대로 문화 산물을 소비하는 존재에 불과하다는 생각은 현실과 맞지 않는다.

③ 발표되는 음악의 80%가 인기를 얻는 데 실패하고, 80% 이상의 영화가 엄청난 광고에도 불구하고 흥행에 실패한다는 사실은 대중이 단순히 수동적인 존재가 아니라는 것을 단적으로 드러내 보여주는 예이다.

④ 대중의 평균적 취향에 맞추어 높은 질을 유지하는 것이 어렵다 하더라도 19세기까지의 대중이 즐겼던 문화에 비하면 현대의 대중문화는 훨씬 수준 높고 진보된 것으로 평가할 수 있다.

⑤ 대중문화는 지배 이데올로기를 강요하는 지배문화로만 구성되는 것도 아니고, 이에 저항하여 자발적으로 발생한 저항문화로만 구성되는 것도 아니다.

18 다음 글의 뒤에 이어질 내용으로 적절한 것은?

최근 화제가 되고 있는 무인 항공기 드론은 카메라, 센서, 통신시스템 등이 탑재돼 있고 무선 전파로 조종이 가능하며, 그 무게는 25g부터 1,200kg까지 다양하다. 처음에는 군사용으로 만들어졌지만 최근엔 고공 촬영이나 배달에도 활용되며, 값싼 키덜트 제품으로도 사랑받고 있다.

군사용 무인항공기로 개발된 드론은 2000년대 초반에 등장했다. 초창기에는 공군의 미사일폭격 연습 대상으로 쓰였는데, 점차 정찰기와 공격기로 용도가 확장됐다. 조종사가 탑승하지 않아도 운행이 가능하므로 2000년대 중반부터 미국에서는 드론이 폭격 등을 위한 군사용 무기로 적극 활용되었다.

군 외에도 전 세계의 여러 기업들이 최근 드론 기술 개발에 심혈을 기울이고 있다. 아마존은 2013년 12월 택배직원이 하던 일을 드론이 대신하는 배송 시스템 '프라임 에어'를 공개했으며, 이를 위해 드론을 개발하는 연구원을 대거 고용했다. 또한, 글로벌 기업 외에 신문·방송업계나 영화제작사 등에서도 드론에 많은 관심을 보이고 있다. 언론사에서는 이른바 '드론 저널리즘'을 표방하며 스포츠 중계부터 재해 현장 촬영, 탐사보도까지 드론을 활발히 사용하고 있다. 드론은 카메라를 탑재하여 그동안 지리적인 한계나 안전상의 이유로 가지 못했던 장소를 생생하게 렌즈에 담을 수 있고, 과거에 활용하던 항공촬영에 비해 비용을 아낄 수 있다는 장점이 있다.

드론에 대한 관심은 배달 업계에서도 나타나고 있다. 영국 도미노피자는 2014년 6월 드론을 이용해 피자를 배달하는 모습을 유튜브에 공개했다. 도미노피자는 법적 규제가 완화되면, 몇 년 안에 드론을 실제 배달 서비스에 쓸 계획이라고 한다.

최근엔 개인을 겨냥한 드론도 나오고 있다. RC마니아나 키덜트족을 공략한 제품이 주로 출시되고 있으며, 셀카를 찍을 수 있는 드론도 등장하고 있다. 이처럼 일반 소비자층을 겨냥한 드론은 앞으로 꾸준히 늘어날 것으로 보인다. 국내에서도 방위산업체나 중소기업, 택배업체 등 최근 드론에 관심을 보이고 있는 이들이 많지만 아직까지는 드론이 항공기로 분류되어 있고, 법도 기존 군사용이나 공적인 업무로 사용하던 것 중심으로 제정돼 있어 여러 가지로 제약이 따른다. 따라서 드론을 상업용으로 확장하여 사용하려면 관련 규정 및 법이 개정되어야 할 필요가 있다. 이러한 상황은 비단 한국뿐 아니라 북미나 유럽 지역에서도 비슷하게 나타나고 있다.

하지만 드론이 유용한 것은 사실이나 장점만 있는 것은 아니다. 드론에 위험물질을 넣어 테러에 악용할 수도 있고, 해킹을 당할 수도 있다. 또한, 촬영용 드론이 많아질수록 사생활 침해 위협도 늘어난다.

① 일상생활에서 사용되는 드론의 사례
② 국내 드론의 개발 진척 상황
③ 드론의 군사적 활용 사례
④ 드론의 단점과 장점
⑤ 드론 사용과 관련한 법적 제한의 필요성

19 다음 글을 읽고 추론한 내용으로 가장 적절한 것은?

미적인 것이란 내재적이고 선험적인 예술 작품의 특성을 밝히는 데서 더 나아가 삶의 풍부하고 생동적인 양상과 가치, 목표를 예술 형식으로 변환한 것이다. 미(美)는 어떤 맥락으로부터도 자율적이기도 하지만 타율적이다. 미에 대한 자율적 견해를 지닌 칸트도 일견 타당하지만, 미를 도덕이나 목적론과 연관시킨 톨스토이나 마르크스도 타당하다. 우리가 길을 지나다 이름 모를 곡을 듣고서 아름답다고 느끼는 것처럼 순수미의 영역이 없는 것은 아니다. 하지만 그 곡이 독재자를 열렬히 지지하기 위한 선전곡이었음을 안 다음부터 그 곡을 혐오하듯 미(美) 또한 사회 경제적, 문화적 맥락의 영향을 받기도 한다.

① 작품의 구조 자체에 주목하여 문학작품을 감상해야 한다는 절대주의적 관점은 칸트의 견해와 유사하다.
② 칸트는 현실과 동떨어진 작품보다 부조리한 사회 현실을 고발하는 작품의 가치를 더 높게 평가하였을 것이다.
③ 칸트의 견해에 따르면 예술 작품이 독자에게 어떠한 영향을 미치느냐에 따라 작품의 가치가 달라질 수 있다.
④ 톨스토이의 견해에 따라 시를 감상한다면 운율과 이미지, 시상 전개 등을 중심으로 감상해야 한다.
⑤ 톨스토이와 마르크스는 예술 작품이 내재하고 있는 고유한 특성이 감상에 중요하지 않다고 주장했다.

20 다음 글을 통해 글쓴이가 말하고자 하는 것으로 가장 적절한 것은?

프랜시스 베이컨은 사람을 거미와 같은 사람, 개미와 같은 사람, 꿀벌과 같은 사람 세 종류로 나누어 보았다.
첫째, '거미'와 같은 사람이 있다. 거미는 벌레들이 자주 날아다니는 장소에 거미줄을 쳐놓고 숨어 있다가, 벌레가 거미줄에 걸리면 슬그머니 나타나 잡아먹는다. 거미와 같은 사람은 땀 흘려 노력하지 않으며, 누군가 실수하기를 기다렸다가 그것을 약점으로 삼아 그 사람의 모든 것을 빼앗는다.
둘째, '개미'와 같은 사람이 있다. 개미는 부지런함의 상징이 되는 곤충이다. 더운 여름에도 쉬지 않고 땀을 흘리며 먹이를 물어다 굴속에 차곡차곡 저장한다. 그러나 그 개미는 먹이를 남에게 나누어 주지는 않는다. 개미와 같은 사람은 열심히 일하고 노력하여 돈과 재산을 많이 모으지만, 남을 돕는 일에는 아주 인색하여 주변 이웃의 불행을 모른 체하며 살아간다.
셋째, '꿀벌'과 같은 사람이 있다. 꿀벌은 꽃의 꿀을 따면서도 꽃에 상처를 남기지 않고, 이 꽃 저 꽃으로 날아다니며 열매를 맺도록 도와준다. 만약 꿀벌이 없다면 많은 꽃은 열매를 맺지 못할 것이다. 꿀벌과 같은 사람은 책임감을 갖고 열심히 일하면서도 남에게 도움을 준다. 즉, 꿀벌과 같은 사람이야말로 우리 사회에 반드시 있어야 할 이타적 존재이다.

① 노력하지 않으면서 성공을 바라는 사람은 결코 성공할 수 없다.
② 다른 사람의 실수를 모른 체 넘어가 주는 배려를 해야 한다.
③ 자신의 일만 열심히 하다 보면 누군가는 반드시 알아본다.
④ 맡은 바 책임을 다하면서도 남을 돌볼 줄 아는 사람이 되어야 한다.
⑤ 자신의 삶보다 이웃의 삶을 소중하게 돌봐야 한다.

01 함께 놀이공원에 간 A ~ E 5명 중 가장 겁이 많은 1명만 롤러코스터를 타지 않고 회전목마를 탔다. 이들은 집으로 돌아오는 길에 다음과 같은 대화를 나누었다. 5명 중 2명은 거짓을 말하고, 나머지 3명은 모두 진실을 말한다고 할 때, 롤러코스터를 타지 않은 사람은?

> • A : 오늘 탄 롤러코스터는 정말 재밌었어. 나는 같이 탄 E와 함께 소리를 질렀어.
> • B : D는 회전목마를 탔다던데? E가 회전목마를 타는 D를 봤대. E의 말은 사실이야.
> • C : D는 회전목마를 타지 않고 롤러코스터를 탔어.
> • D : 나는 혼자서 회전목마를 타고 있는 B를 봤어.
> • E : 나는 롤러코스터를 탔어. 손뼉을 칠 만큼 너무 완벽한 놀이기구야.

① A   ② B
③ C   ④ D
⑤ E

02 연경, 효진, 다솜, 지민, 지현 5명 중에서 1명이 선생님의 책상에 있는 화병에 꽃을 꽂아 두었다. 이 가운데 2명의 이야기는 모두 거짓이지만 3명의 이야기는 모두 참이라고 할 때 선생님 책상에 꽃을 꽂아둔 사람은?

> • 연경 : 화병에 꽃을 꽂아두는 것을 나와 지현이만 보았다. 효진이의 말은 모두 맞다.
> • 효진 : 화병에 꽃을 꽂아둔 사람은 지민이다. 지민이가 그러는 것을 지현이가 보았다.
> • 다솜 : 지민이는 꽃을 꽂아두지 않았다. 지현이의 말은 모두 맞다.
> • 지민 : 화병에 꽃을 꽂아두는 것을 세 명이 보았다. 효진이는 꽃을 꽂아두지 않았다.
> • 지현 : 나와 연경이는 꽃을 꽂아두지 않았다. 나는 누가 꽃을 꽂는지 보지 못했다.

① 연경   ② 효진
③ 다솜   ④ 지민
⑤ 지현

03 A ~ E 5명 중 1명이 테이블 위에 놓여있던 사탕을 먹었다. 이들 중 1명의 진술만 거짓일 때, 거짓을 말하는 사람은?

- A : D의 말은 거짓이다.
- C : D의 말은 사실이다.
- E : D는 사탕을 먹지 않았다.
- B : A가 사탕을 먹었다.
- D : B는 사탕을 먹지 않았다.

① A
② B
③ C
④ D
⑤ E

04 어느 날 밤, 도둑이 금은방에 침입하여 보석을 훔쳐 달아났다. 용의자는 갑, 을, 병, 정, 무 5명으로 조사 결과 이들은 서로 친구임이 밝혀졌다. 이들 중 2명은 거짓말을 하고 있으며, 그중 1명이 보석을 훔친 범인이라고 할 때, 범인은?(단, 거짓말을 한 사람이 여러 진술을 하였다면 그 진술은 모두 거짓이다)

- 갑 : 을은 그 시간에 병과 함께 PC방에 있었습니다.
- 을 : 그날 밤 저는 갑, 병과 함께 있었습니다.
- 병 : 저는 사건이 일어났을 때 혼자 집에 있었습니다.
- 정 : 을의 진술은 참이며, 저는 금은방에 있지 않았습니다.
- 무 : 저는 그날 밤 갑과 함께 집에 있었고, 금은방에 있지 않았습니다.

① 갑
② 을
③ 병
④ 정
⑤ 무

05 밤 11시경 회사 사무실에 도둑이 들었다. CCTV를 확인해 보니 도둑은 1명이며, 수사 결과 용의자는 갑, 을, 병, 정, 무로 좁혀졌다. 이 중 2명은 거짓말을 하고 있으며, 그중 1명이 범인이다. 범인은 누구인가?

- 갑 : 그날 밤 11시에 저는 을, 무하고 셋이서 함께 있었습니다.
- 을 : 갑은 그 시간에 무와 함께 타 지점에 출장을 가 있었어요.
- 병 : 갑의 진술은 참이고, 저도 회사에 있지 않았습니다.
- 정 : 을은 밤 11시에 저와 단둘이 있었습니다.
- 무 : 저는 사건이 일어났을 때 집에 있었습니다.

① 갑
② 을
③ 병
④ 정
⑤ 무

06 K사 신입사원인 A ~ E 5명은 각각 영업팀, 기획팀, 홍보팀 중 한 곳에 속해있다. 각 팀은 모두 같은 날, 같은 시간에 회의가 있고, K사는 3층과 5층에 회의실이 2개씩 있다. 따라서 세 팀이 모두 한 층에서 회의를 할 수는 없다. A ~ E사원의 진술 중 2명은 참을 말하고 3명은 거짓을 말할 때, 〈보기〉 중 반드시 참인 것은?

- A사원 : 기획팀은 3층에서 회의를 한다.
- B사원 : 영업팀은 5층에서 회의를 한다.
- C사원 : 홍보팀은 5층에서 회의를 한다.
- D사원 : 나는 3층에서 회의를 한다.
- E사원 : 나는 3층에서 회의를 하지 않는다.

〈보기〉

ㄱ 영업팀과 홍보팀이 같은 층에서 회의를 한다면 E는 기획팀이다.
ㄴ 기획팀이 3층에서 회의를 한다면, D사원과 E사원은 같은 팀일 수 있다.
ㄷ 두 팀이 5층에서 회의를 하는 경우가 3층에서 회의를 하는 경우보다 많다.

① ㄱ
② ㄴ
③ ㄴ, ㄷ
④ ㄱ, ㄷ
⑤ ㄱ, ㄴ, ㄷ

07 8조각의 피자를 A ~ D 4명이 나눠 먹는다고 할 때, 다음 중 참이 아닌 것은?

- 4명 중 피자를 한 조각도 먹지 않은 사람은 없다.
- A는 피자 두 조각을 먹었다.
- 피자를 가장 적게 먹은 사람은 B이다.
- C는 D보다 피자 한 조각을 더 많이 먹었다.

① 피자 한 조각이 남는다.
② 두 명이 짝수 조각의 피자를 먹었다.
③ A와 D가 먹은 피자 조각 수는 같다.
④ C가 가장 많은 조각의 피자를 먹었다.
⑤ B는 D보다 피자 한 조각을 덜 먹었다.

08 다음 명제를 읽고 판단했을 때 항상 참이 아닌 것은?

> • 건강한 사람은 건강한 요리를 좋아한다.
> • 건강한 요리를 좋아하면 혈색이 좋다.
> • 건강하지 않은 사람은 인상이 좋지 않다.
> • 건강한 요리를 좋아하는 사람은 그렇지 않은 사람보다 콜레스테롤 수치가 낮다.

① 건강한 사람은 혈색이 좋다.
② 인상이 좋은 사람은 건강한 요리를 좋아한다.
③ 건강한 사람은 그렇지 않은 사람보다 콜레스테롤 수치가 낮다.
④ 인상이 좋은 사람은 그렇지 않은 사람보다 콜레스테롤 수치가 높다.
⑤ 혈색이 좋지 않으면 인상이 좋지 않다.

09 A ~ E 5명은 K사에서 개최하는 마라톤에 참가하였다. 다음 명제가 모두 참일 때, 항상 참이 아닌 것은?

> • A는 B와 C보다 앞서 달리고 있다.
> • D는 A보다 뒤에 달리고 있지만, B보다는 앞서 달리고 있다.
> • C는 D보다 뒤에 달리고 있지만, B보다는 앞서 달리고 있다.
> • E는 C보다 뒤에 달리고 있지만, 다섯 명 중 꼴찌는 아니다.

① 현재 1등은 A이다.
② 현재 꼴찌는 B이다.
③ E는 C와 B 사이에서 달리고 있다.
④ D는 A와 C 사이에서 달리고 있다.
⑤ 현재 순위에 변동 없이 결승점까지 달린다면 C가 4등을 할 것이다.

10 다음 제시된 명제가 모두 참일 때, 항상 참이 아닌 것은?

> • 적극적인 사람은 활동량이 많다.
> • 잘 다치지 않는 사람은 활동량이 많지 않다.
> • 활동량이 많으면 면역력이 강화된다.
> • 적극적이지 않은 사람은 영양제를 챙겨 먹는다.

① 적극적인 사람은 잘 다친다.
② 적극적인 사람은 면역력이 강화된다.
③ 잘 다치지 않는 사람은 영양제를 챙겨 먹는다.
④ 영양제를 챙겨 먹으면 면역력이 강화된다.
⑤ 잘 다치지 않는 사람은 적극적이지 않은 사람이다.

※ 일정한 규칙으로 수를 나열할 때, 빈칸에 들어갈 수로 옳은 것을 고르시오. [11~20]

11

| 150 | 7 | 149 | 8 | 138 | 12 | 27 | ( ) | −1,084 | 37 |

① 18　　　　　　　　　　② 21
③ 22　　　　　　　　　　④ 24
⑤ 28

12

| 10 | 49 | 33 | 47 | 102 | 45 | ( ) |

① 306　　　　　　　　　② 307
③ 308　　　　　　　　　④ 309
⑤ 310

13

| 2 | 4 | 6 | 10 | 16 | 26 | ( ) |

① 34　　　　　　　　　　② 38
③ 42　　　　　　　　　　④ 46
⑤ 50

14

| | | | | | 4 | 4 | 8 | 24 | 96 | ( ) | | |

① 480 　　　　　　　　　② 460

③ 440 　　　　　　　　　④ 420

⑤ 410

15

$$-23 \quad 1 \quad -\frac{13}{2} \quad -10 \quad \frac{7}{4} \quad 100 \quad (\ ) \quad -1{,}000$$

① -13 　　　　　　　② $\dfrac{3}{8}$

③ $\dfrac{47}{8}$ 　　　　　　④ -500

⑤ $\dfrac{67}{8}$

16

$$3 \quad (\ ) \quad 4 \quad 12.5 \quad 6 \quad 125 \quad 9 \quad 1{,}875 \quad 13$$

① 1.1 　　　　　　　　② 1.3

③ 2.5 　　　　　　　　④ 3.9

⑤ 4.4

17

$$0.7 \quad 0.9 \quad 1.15 \quad 1.45 \quad 1.8 \quad (\ )$$

① 2.0 　　　　　　　　② 2.1

③ 2.15 　　　　　　　④ 2.2

⑤ 2.5

18

−2	−0.4	−2.8	0.4	−3.6	( )	

① −2.1   ② −1.3
③ −0.9   ④ 1.2
⑤ 0.4

19

4   2   20   5   ( )   74   10   5   125

① 4   ② 5
③ 6   ④ 7
⑤ 8

20

4   15   ( )   4   2   0   2   30   58

① 24   ② 26
③ 28   ④ 30
⑤ 32

01 지영이가 오른 산은 올라갈 때 이용하는 길보다 내려갈 때 이용하는 길이 3km 더 길었다. 산을 올라갈 때는 4km/h의 속력으로 걸었고, 내려갈 때는 5km/h의 속력으로 걸어서 총 5시간이 걸렸다. 지영이가 등산한 총거리는?(단, 소수점 둘째 자리에서 반올림한다)

① 22.6km ② 22.9km

③ 23.1km ④ 23.6km

⑤ 23.9km

02 농도가 14%로 오염된 물 50g이 있다. 깨끗한 물을 채워서 오염농도를 10%로 줄이려고 한다. 깨끗한 물을 얼마나 넣어야 하는가?

① 5g ② 10g

③ 15g ④ 20g

⑤ 30g

03 아버지, 어머니, 나, 동생의 나이의 합은 132세이다. 어머니의 나이는 가족 평균보다 10세 더 많고, 나와 동생의 나이의 합보다 2세 더 많다. 아버지의 나이는 동생의 나이의 두 배보다 10세 더 많고, 내 나이의 두 배보다 4세 더 많다. 동생의 나이는?

① 16세 ② 17세

③ 18세 ④ 19세

⑤ 20세

04 총 500m 거리의 산책로에 50m 간격으로 가로등을 설치하고, 100m 간격으로는 벤치를 설치할 때, 가로등과 벤치 개수의 합은 얼마인가?(단, 시작과 끝 지점에도 모두 설치한다)

① 15개 ② 16개

③ 17개 ④ 18개

⑤ 19개

05 수정이는 부서 사람들과 함께 놀이공원을 방문하려고 한다. 이 놀이공원의 입장료는 1인당 16,000원이며, 정가에서 25% 할인된 금액에 10인 단체 티켓을 구매할 수 있다. 그렇다면 부서원이 몇 명 이상일 때부터 20명분의 단체 티켓 2장을 구매하는 것이 더 유리해지는가?(단, 부서원은 10명보다 많다)

① 14명   ② 15명

③ 16명   ④ 17명

⑤ 18명

06 K부서에는 부장 1명, 과장 1명, 대리 2명, 사원 2명 총 6명이 근무하고 있다. 새로운 프로젝트를 진행하기 위해 K부서를 2개의 팀으로 나누려고 한다. 팀을 나눈 후 인원수는 서로 같으며, 부장과 과장이 같은 팀이 될 확률은 30%라고 한다. 대리 2명의 성별이 서로 다를 때, 부장과 남자 대리가 같은 팀이 될 확률은?

① 41.5%   ② 42%

③ 42.5%   ④ 43%

⑤ 43.5%

07 다음은 전국 풍수해 규모에 대한 자료이다. 이에 대한 설명으로 옳은 것은?

〈전국 풍수해 규모〉

(단위 : 억 원)

구분	2014년	2015년	2016년	2017년	2018년	2019년	2020년	2021년	2022년	2023년
태풍	118	1,609	8	–	1,725	2,183	8,037	17	53	134
호우	9,063	435	581	2,549	1,808	5,282	384	1,555	1,400	14
대설	60	74	36	128	663	477	204	119	324	130
강풍	140	69	11	70	2	5	267	9	1	39
풍랑	57	331	–	241	70	3	–	–	–	3
전체	9,438	2,518	636	2,988	4,268	7,950	8,892	1,700	1,778	320

① 2015 ~ 2023년 동안 연도별로 발생한 전체 풍수해 규모의 전년 대비 증감 추이는 태풍으로 인한 풍수해 규모의 증감 추이와 같다.

② 풍랑으로 인한 풍수해 규모는 매년 가장 작았다.

③ 2023년 호우로 인한 풍수해 규모의 전년 대비 감소율은 97% 미만이다.

④ 전체 풍수해 규모에서 대설로 인한 풍수해 규모가 차지하는 비중은 2021년이 2019년보다 크다.

⑤ 2014 ~ 2023년 동안 연도별로 발생한 전체 풍수해 규모에서 태풍으로 인한 풍수해 규모가 가장 큰 해는 2020년뿐이다.

08 다음은 S국 6개 수종의 기건비중 및 강도에 대한 자료이다. 〈조건〉에 따라 A와 C에 해당하는 수종이 바르게 짝지어진 것은?

〈6개 수종의 기건비중 및 강도〉

수종	기건비중 (ton/m³)	강도(N/mm²)			
		압축강도	인장강도	휨강도	전단강도
A	0.53	50	52	88	10
B	0.89	60	125	118	12
C	0.61	63	69	82	9
삼나무	0.37	42	45	72	7
D	0.31	24	27	39	6
E	0.43	49	59	80	7

─〈조건〉─

• 전단강도 대비 압축강도 비가 큰 상위 2개 수종은 낙엽송과 전나무이다.
• 휨강도와 압축강도 차가 큰 상위 2개 수종은 소나무와 참나무이다.
• 참나무의 기건비중은 오동나무 기건비중의 2배 이상이다.
• 압축강도와 인장강도의 차가 두 번째로 큰 수종은 전나무이다.

	A	C
①	소나무	낙엽송
②	소나무	전나무
③	오동나무	낙엽송
④	참나무	소나무
⑤	참나무	전나무

09 다음은 A지역의 곡물 재배면적 및 생산량을 정리한 자료이다. 이에 대한 설명으로 옳은 것은?

〈A지역의 곡물 재배면적 및 생산량〉

(단위 : ha, 백 톤)

구분		2017년	2018년	2019년	2020년	2021년
미곡	재배면적	1,148	1,100	998	1,118	1,164
	생산량	15,276	14,145	13,057	15,553	18,585
맥류	재배면적	1,146	773	829	963	1,034
	생산량	7,347	4,407	4,407	6,339	7,795
두류	재배면적	450	283	301	317	339
	생산량	1,940	1,140	1,143	1,215	1,362
잡곡	재배면적	334	224	264	215	208
	생산량	1,136	600	750	633	772
서류	재배면적	59	88	87	101	138
	생산량	821	1,093	1,228	1,436	2,612

① 잡곡의 생산량이 가장 적은 해와 잡곡의 재배면적이 가장 적은 해는 같다.

② 2017 ~ 2021년까지 잡곡의 재배면적은 매년 서류의 2배 이상이다.

③ 두류의 생산량이 가장 많은 해에 재배면적이 가장 큰 곡물은 맥류이다.

④ 2019 ~ 2021년 동안 미곡과 두류의 전년 대비 생산량 증감 추이는 동일하다.

⑤ 2017 ~ 2021년 동안 매년 생산량은 두류가 잡곡보다 많다.

10 다음은 전년 동월 대비 특허 심사 건수 증감 및 등록률 증감 추이를 나타낸 것이다. 다음 〈보기〉 중 옳지 않은 것을 모두 고르면?

〈특허 심사 건수 증감 및 등록률 증감 추이(전년 동월 대비)〉

(단위 : 건, %)

구분	2024. 1	2024. 2	2024. 3	2024. 4	2024. 5	2024. 6
심사 건수 증감	125	100	130	145	190	325
등록률 증감	1.3	−1.2	−0.5	1.6	3.3	4.2

─〈보기〉─

㉠ 2024년 3월에 전년 동월 대비 등록률이 가장 많이 낮아졌다.
㉡ 2024년 6월의 심사 건수는 325건이다.
㉢ 2024년 5월의 등록률은 3.3%이다.
㉣ 2023년 1월 심사 건수가 100건이라면, 2024년 1월 심사 건수는 225건이다.

① ㉠
② ㉠, ㉡
③ ㉠, ㉣
④ ㉡, ㉢
⑤ ㉠, ㉡, ㉢

11 다음은 A, B, C 세 사람의 신장과 체중을 비교한 자료이다. 이에 대한 설명으로 옳은 것은?

〈A, B, C 세 사람의 신장·체중 비교표〉

(단위 : cm, kg)

구분	2013년		2018년		2023년	
	신장	체중	신장	체중	신장	체중
A	136	41	152	47	158	52
B	142	45	155	51	163	49
C	138	42	153	48	166	55

① 세 사람 모두 신장과 체중은 계속 증가하였다.
② 세 사람의 연도별 신장 순위와 체중 순위는 동일하다.
③ B는 세 사람 중 가장 키가 크다.
④ 2013년 대비 2023년 신장이 가장 많이 증가한 사람은 C이다.
⑤ 2013년 대비 2018년 체중이 가장 많이 증가한 사람은 B이다.

12 다음은 2017 ~ 2021년 K사의 경제 분야 투자에 관한 자료이다. 이에 대한 설명으로 옳지 않은 것은?

〈K사의 경제 분야 투자 규모〉

(단위 : 억 원, %)

구분 \ 연도	2017년	2018년	2019년	2020년	2021년
경제 분야 투자 규모	20	24	23	22	21
총지출 대비 경제 분야 투자 규모 비중	6.5	7.5	8	7	6

① 2021년 총지출은 320억 원 이상이다.
② 2018년 경제 분야 투자 규모의 전년 대비 증가율은 25% 이하이다.
③ 2019년이 2020년보다 경제 분야 투자 규모가 전년에 비해 큰 비율로 감소하였다.
④ 2017 ~ 2021년 동안 경제 분야에 투자한 금액은 110억 원이다.
⑤ 2018 ~ 2021년 동안 경제 분야 투자 규모와 총지출 대비 경제 분야 투자 규모 비중의 전년 대비 증감 추이는 동일하지 않다.

13 다음은 2017 ~ 2021년의 한부모 및 미혼모·부 가구 수를 조사한 자료이다. 이에 대한 설명으로 옳지 않은 것은?

〈2017 ~ 2021년 한부모 및 미혼모·부 가구 수〉

(단위 : 가구)

구분		2017년	2018년	2019년	2020년	2021년
한부모 가구	모자 가구	1,600	2,000	2,500	3,600	4,500
	부자 가구	300	340	480	810	990
미혼모·부 가구	미혼모 가구	80	68	55	72	80
	미혼부 가구	28	17	22	27	30

① 한부모 가구 중 모자 가구 수는 2018 ~ 2021년까지 2020년을 제외하고 매년 1.25배씩 증가한다.
② 한부모 가구에서 부자 가구가 모자 가구 수의 20%를 초과한 연도는 2020년과 2021년이다.
③ 2020년 미혼모 가구 수는 모자 가구 수의 2%이다.
④ 2018 ~ 2021년 전년 대비 미혼모 가구와 미혼부 가구 수의 증감 추이가 바뀌는 연도는 동일하다.
⑤ 2018년 부자 가구 수는 미혼부 가구 수의 20배이다.

14 A중학교 여름방학 방과 후 학교 신청 학생 중 과목별 학생 수를 비율로 나타낸 그래프이다. 방과 후 학교를 신청한 전체 학생이 200명일 때, 수학을 선택한 학생은 미술을 선택한 학생보다 몇 명이 더 적은가?

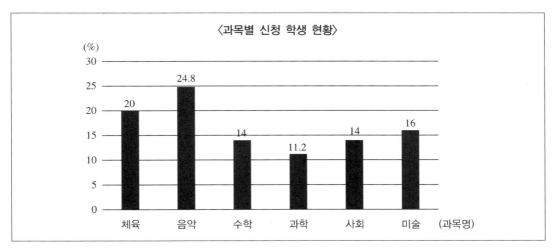

〈과목별 신청 학생 현황〉

① 3명
② 4명
③ 5명
④ 6명
⑤ 8명

15 다음은 2023년도 국가별 국방예산 그래프이다. 이를 이해한 내용으로 적절하지 않은 것은?(단, 비중은 소수점 둘째 자리에서 반올림한다)

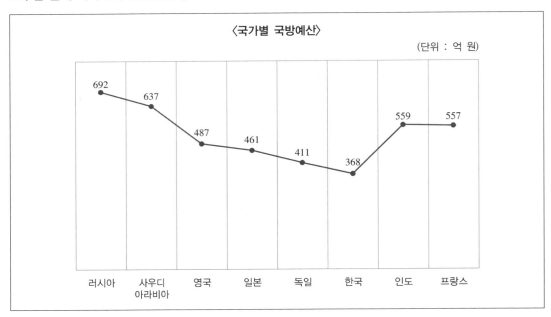

① 국방예산이 가장 많은 국가와 가장 적은 국가의 예산 차이는 324억 원이다.

② 사우디아라비아의 국방예산은 프랑스의 국방예산보다 14% 이상 많다.

③ 인도보다 국방예산이 적은 국가는 5개 국가이다.

④ 영국과 일본의 국방예산 차액은 독일과 일본의 국방예산 차액의 55% 이상이다.

⑤ 8개 국가 국방예산 총액에서 한국이 차지하는 비중은 약 8.8%이다.

16 다음은 K기업 영업부에서 작년 분기별 영업 실적을 나타낸 그래프이다. 다음 중 작년 전체 실적에서 1 ~ 2분기와 3 ~ 4분기가 각각 차지하는 비중이 바르게 짝지어진 것은?(단, 비중은 소수점 둘째 자리에서 반올림한다)

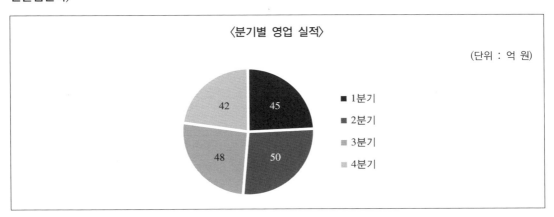

	1 ~ 2분기	3 ~ 4분기		1 ~ 2분기	3 ~ 4분기
①	48.6%	51.4%	②	50.1%	46.8%
③	51.4%	48.6%	④	46.8%	50.1%
⑤	50.0%	50.0%			

17 다음은 A국과 B국의 축구 대결을 앞두고 양국의 골키퍼, 수비(중앙 수비, 측면 수비), 미드필드, 공격(중앙 공격, 측면 공격) 능력을 영역별로 평가한 결과이다. 이에 대한 설명으로 옳지 않은 것은?(단, 원 중심에서 멀어질수록 점수가 높아진다)

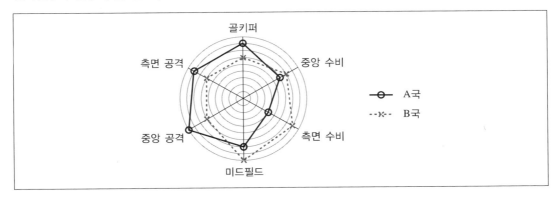

① A국은 공격보다 수비에 약점이 있다.
② B국은 미드필드보다 수비에서의 능력이 뛰어나다.
③ A국과 B국은 측면 수비 능력에서 가장 큰 차이가 난다.
④ A국과 B국 사이에 가장 작은 차이를 보이는 영역은 중앙 수비이다.
⑤ 골키퍼의 역량이 보다 뛰어난 국가는 A국이다.

18 다음은 업종별 쌀 소비량에 대한 자료이다. 2022년 쌀 소비량이 세 번째로 높은 업종의 2022년 대비 2023년 쌀 소비량의 증감률을 구하면?(단, 소수점 첫째 자리에서 반올림한다)

〈업종별 쌀 소비량〉

(단위 : 톤)

구분	전분제품 및 당류 제조업	떡류 제조업	코코아제품 및 과자류	면류 및 마카로니	도시락 및 식사용 조리식품	탁주 및 약주 제조업
2021년	12,856	188,248	7,074	9,859	98,369	47,259
2022년	12,956	170,980	7,194	11,115	96,411	46,403
2023년	12,294	169,618	9,033	9,938	100,247	51,592

① 10% ② 11%
③ 13% ④ 14%
⑤ 15%

19 다음은 지역별 1인 가구 현황에 대한 자료이다. 이에 대한 설명으로 옳지 않은 것은?

〈지역별 1인 가구 현황〉

(단위 : 만 가구)

구분	2021년		2022년		2023년	
	전체 가구	1인 가구	전체 가구	1인 가구	전체 가구	1인 가구
전국	1,907	513	1,933	528	1,970	532
서울특별시	377	109	378	110	380	133
부산광역시	133	32	135	33	135	38
대구광역시	92	21	93	22	95	25
인천광역시	105	25	105	25	107	26
대전광역시	58	16	60	18	60	19
울산광역시	42	10	42	10	43	11
기타 지역	1,100	300	1,120	310	1,150	280

① 2021 ~ 2023년 동안 해마다 1인 가구 수는 전국적으로 증가하고 있다.
② 2021년과 2023년 모두 부산광역시 1인 가구 수는 대전광역시 1인 가구 수의 2배이다.
③ 2023년 서울특별시 전체 가구 수 중에서 1인 가구 수가 차지하는 비중은 30% 이상이다.
④ 연도별로 대전광역시와 울산광역시의 1인 가구 수의 합은 인천광역시의 1인 가구 수보다 항상 많다.
⑤ 2023년 서울특별시의 1인 가구 수는 전국의 1인 가구 수의 20% 이상이다.

20 다음은 우리나라 건강보험 재정 현황에 대한 자료이다. 이에 대한 설명으로 옳지 않은 것은?

〈건강보험 재정 현황〉

(단위 : 조 원)

구분		2016년	2017년	2018년	2019년	2020년	2021년	2022년	2023년
수입		32.0	37.0	42.0	45.0	48.5	55.0	55.5	56.0
	보험료 등	27.5	32.0	36.5	39.4	42.2	44.0	44.5	48.0
	정부지원	4.5	5.0	5.5	5.6	6.3	11.0	11.0	8.0
지출		35.0	36.0	40.0	42.0	44.0	51.0	53.5	56.0
	보험급여비	33.5	34.2	37.2	37.8	40.5	47.3	50.0	52.3
	관리운영비 등	1.5	1.8	2.8	4.2	3.5	3.7	3.5	3.7
수지율(%)		109	97	95	93	91	93	96	100

※ 수지율(%) = $\dfrac{(지출)}{(수입)} \times 100$

① 2016년 대비 2023년 건강보험 수입의 증가율과 건강보험 지출의 증가율의 차이는 15%p이다.

② 2017년부터 건강보험 수지율이 전년 대비 감소하는 해에는 정부지원 수입이 전년 대비 증가하였다.

③ 2021년 보험료 등이 건강보험 수입에서 차지하는 비율은 75% 이상이다.

④ 건강보험 수입과 지출의 전년 대비 증감 추이는 2017년부터 2023년까지 같다.

⑤ 건강보험 지출 중 보험급여비가 차지하는 비중은 2018년과 2019년 모두 95% 이상이다.

※ 다음 기호들은 일정한 규칙에 따라 도형을 변화시킨다. 주어진 도형을 도식에 따라 변화시켰을 때의 결과로
옳은 것을 고르시오(단, 주어진 조건이 두 가지 이상일 때, 모두 일치해야 Yes로 이동한다). **[1~2]**

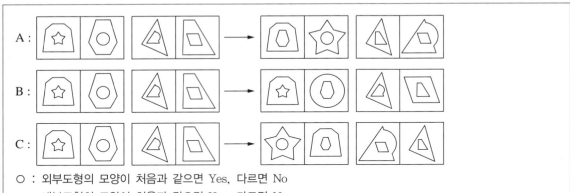

○ : 외부도형의 모양이 처음과 같으면 Yes, 다르면 No
□ : 내부도형의 모양이 처음과 같으면 Yes, 다르면 No
△ : 외부·내부도형의 모양이 처음과 같으면 Yes, 다르면 No

01

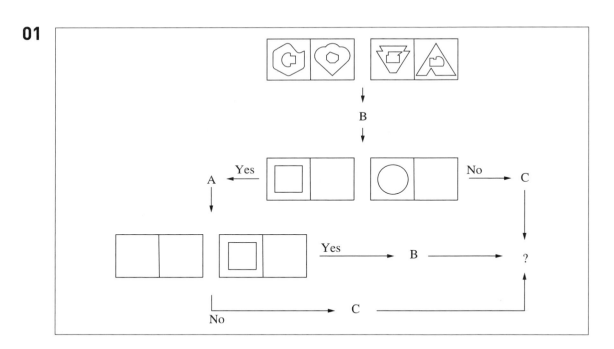

①

②

③

④

⑤

02

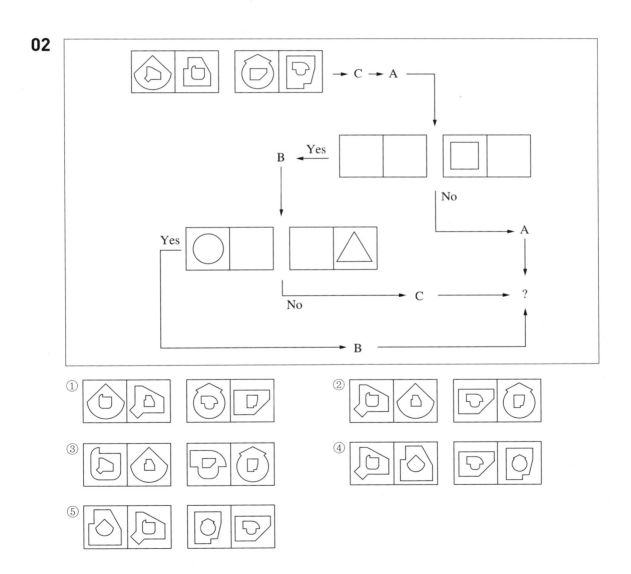

※ 다음 도식의 기호들은 일정한 규칙에 따라 도형을 변화시킨다. 〈보기〉의 규칙을 찾고 ?에 들어갈 알맞은 도형을 고르시오. [3~11]

03

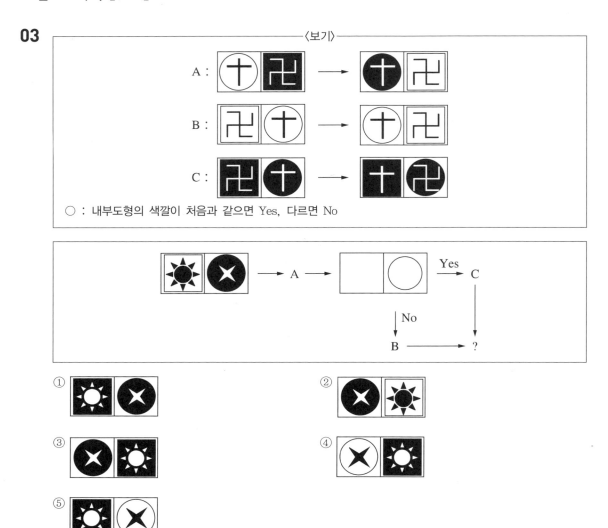

①
②
③
④
⑤

04

〈보기〉

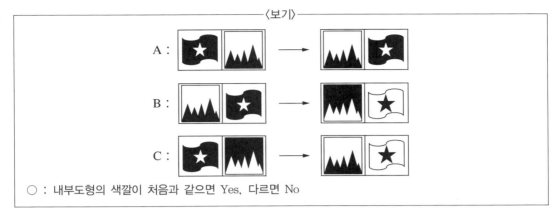

○ : 내부도형의 색깔이 처음과 같으면 Yes, 다르면 No

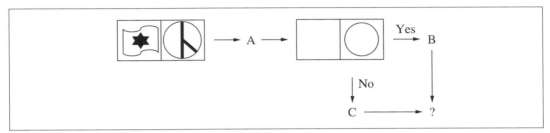

①

②

③

④

⑤

〈보기〉

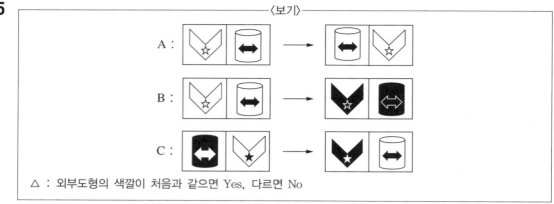

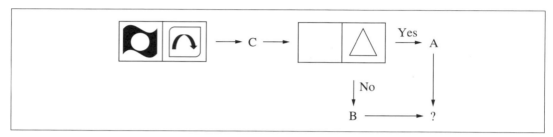

△ : 외부도형의 색깔이 처음과 같으면 Yes, 다르면 No

①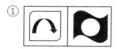

②

③

④

⑤

06

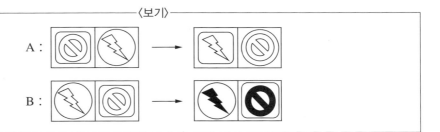

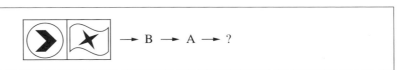

①

②

③

④

⑤

07

〈보기〉

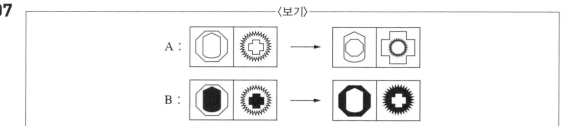

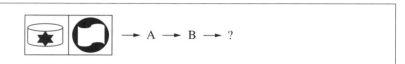

① 　　　②

③ 　　　④

⑤

08

〈보기〉

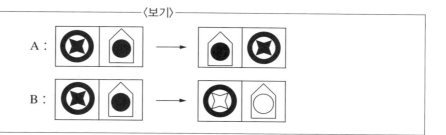

①

②

③

④

⑤

09

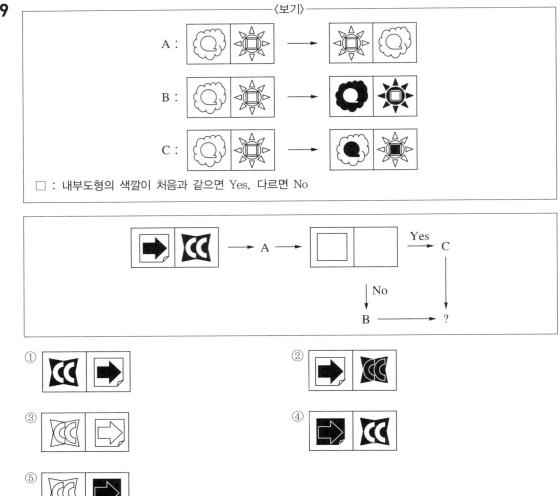

①

②

③

④

⑤

10

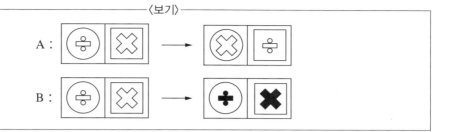

①    ②

③    ④

⑤

11

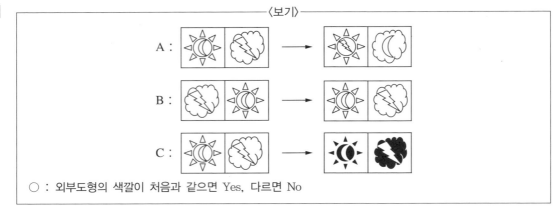

○ : 외부도형의 색깔이 처음과 같으면 Yes, 다르면 No

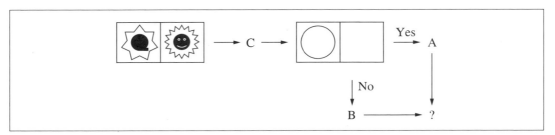

①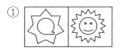

②

③

④

⑤

※ 다음 도식의 기호들은 일정한 규칙에 따라 도형을 변화시킨다. 〈보기〉의 규칙을 찾고 ?에 들어갈 알맞은 도형을 고르시오. [12~13]

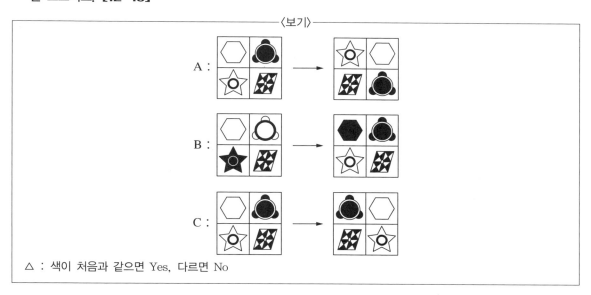

△ : 색이 처음과 같으면 Yes, 다르면 No

12

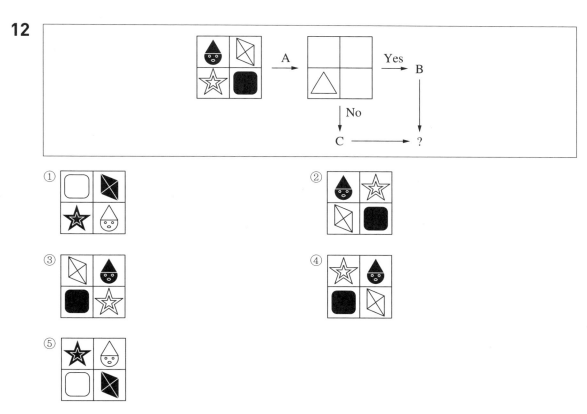

① ② ③ ④ ⑤

13

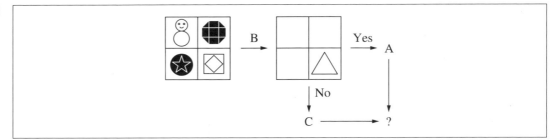

①

②

③

④

⑤

※ 다음 도식의 기호들은 일정한 규칙에 따라 도형을 변화시킨다. 〈보기〉의 규칙을 찾고 ?에 들어갈 알맞은 도형을 고르시오. [14~15]

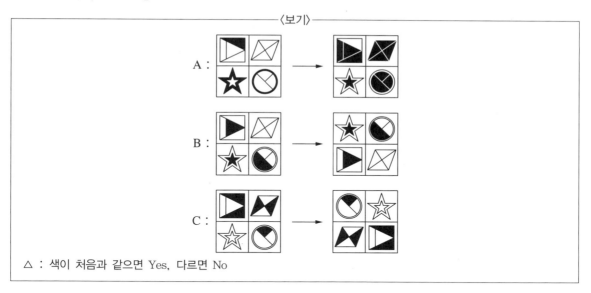

△ : 색이 처음과 같으면 Yes, 다르면 No

14

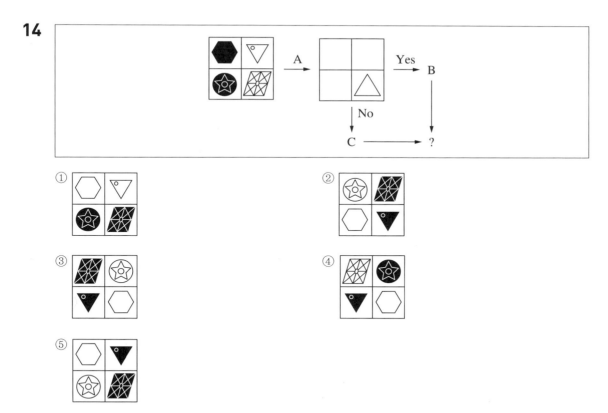

15

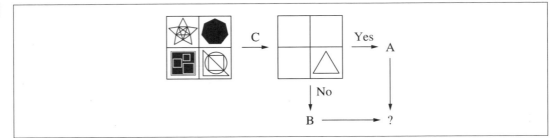

①

②

③

④

⑤

KT그룹
온라인 종합적성검사

최종모의고사 5회분 + 무료KT특강

편저 | SDC(Sidae Data Center)

SDC

SDC는 시대에듀 데이터 센터의 약자로 약 30만 개의 NCS · 적성 문제 데이터를
바탕으로 최신 출제경향을 반영하여 문제를 출제합니다.

정답 및 해설

시대에듀

KT그룹
온라인 종합적성검사
정답 및 해설

도서 동형 모의고사 무료쿠폰

ASUM-00000-B4695(3회분 수록)

[쿠폰 사용 안내]
1. 합격시대 홈페이지(https://www.sdedu.co.kr/pass_sidae_new/) 에 접속합니다.
2. 홈페이지 상단 '쿠폰 입력하고 모의고사 받자'를 클릭합니다.
3. 회원가입 후 홈페이지 우측의 [이벤트]를 클릭합니다.
4. 쿠폰번호를 등록합니다.
5. 내강의실 > 모의고사 > 합격시대 모의고사 클릭 후 응시합니다.
※ 본 쿠폰은 등록 후 30일간 이용 가능합니다.
※ iOS / macOS 운영체제에서는 서비스되지 않습니다.

온라인 모의고사 무료쿠폰

ASUN-00000-D0133(2회분 수록)

[쿠폰 사용 안내]
1. 합격시대 홈페이지(https://www.sdedu.co.kr/pass_sidae_new/) 에 접속합니다.
2. 홈페이지 상단 '1회 무료 이용권' 배너를 클릭합니다.
3. 쿠폰번호를 등록합니다.
4. 내강의실 > 모의고사 > 합격시대 모의고사 클릭 후 응시합니다.
※ 본 쿠폰은 등록 후 30일간 이용 가능합니다.
※ iOS / macOS 운영체제에서는 서비스되지 않습니다.

시대에듀

끝까지 책임진다! 시대에듀!

QR코드를 통해 도서 출간 이후 발견된 오류나 개정법령, 변경된 시험 정보, 최신기출문제, 도서 업데이트 자료 등이 있는지 확인해 보세요! **시대에듀 합격 스마트 앱**을 통해서도 알려 드리고 있으니 구글 플레이나 앱 스토어에서 다운받아 사용하세요. 또한, 파본 도서인 경우에는 구입하신 곳에서 교환해 드립니다.

제1회 모의고사 정답 및 해설

제 1 영역 언어

01	02	03	04	05	06	07	08	09	10
③	①	③	①	③	③	③	⑤	②	⑤
11	12	13	14	15	16	17	18	19	20
①	③	④	①	③	③	③	④	①	⑤

01 정답 ③

(가), (나), (라)는 모두 문두에 '하지만', '이러한 문제', '이런 환경'과 같이 앞 내용에 이어지는 표현이 등장하므로 첫 문장이 될 수 없다. 그러므로 (다)가 가장 처음에 와야 한다. (라)의 '이런 환경'은 (다)에 제시된 내용을 말하고, (가)의 '하지만'은 서로 반대되는 내용을 서술한 (라)와 (가)를 이어준다. 그리고 (나)의 '이러한 문제'는 (가)에서 제시된 상황을 받고 있다. 따라서 (다) – (라) – (가) – (나) 순으로 나열되어야 한다.

02 정답 ①

제시문은 친환경 농업에 대해 설명하면서 이익을 위해 사용한 농약과 제초제가 오히려 인체에 해로움을 준다는 내용의 글이다. 따라서 (가) 친환경 농업은 건강과 직결되어 있기 때문에 각광받고 있음 – (나) 병충해를 막기 위해 사용된 농약은 완전히 제거하기 어려우며 신체에 각종 손상을 입힘 – (다) 생산량 증가를 위해 사용한 농약과 제초제가 오히려 인체에 해를 입힐 수 있음 순으로 나열되어야 한다.

03 정답 ③

제시문은 A회사가 국내 최대 규모의 은퇴연구소를 개소했고 이를 은퇴 이후 안정된 노후준비를 돕고 다양한 정보를 제공하는 소통의 채널로 이용하며 은퇴 이후의 생활이 취약한 우리의 인식 변화를 위해 노력할 것이라는 내용의 글이다. 따라서 (다) A회사가 국내 최대 규모의 은퇴연구소를 개소 – (가) 은퇴연구소는 체계화된 팀을 구성 – (나) 일반인들의 안정된 노후준비를 돕고 다양한 정보를 제공할 것 – (라) 선진국에 비해 취약한 우리의 인식을 변화시키기 위한 노력 순으로 나열되어야 한다.

04 정답 ①

(다)는 문제에 대한 주장으로 그 뒤에 '그래서'로 이어지는 주장에 따른 결과 (가)가 나온다. 그 결과에 대한 이유가 (나)에서 나오고 이는 문맥의 흐름과 '때문입니다.'라는 표현을 통해 알 수 있다. 마지막으로 주장에 대한 결론이 제시되는데 (라)에서 '따라서'라는 결론을 나타내는 부사어를 사용하여 주장을 정리하고 있다. 따라서 (다) – (가) – (나) – (라) 순으로 나열되어야 한다.

05 정답 ③

제시문에 나타난 헤르만 헤세의 "자기에게 자연스러운 면에서 읽고, 알고, 사랑해야 할 것이다."라는 말을 통해 남의 기준에 맞추기보다 자신의 감정에 충실하게 책을 선택하여 읽으라는 것이 중심 내용임을 알 수 있다.

06 정답 ③

제시문은 산업 사회의 여러 가지 특징에 대해 설명함으로써 산업 사회가 가지고 있는 문제점들을 강조하고 있다. 따라서 제시문의 중심 내용으로 ③이 가장 적절하다.

07 정답 ③

제시문은 주식에 투자할 때 나타나는 비체계적 위험과 체계적 위험에 대해 각각 설명하고, 이러한 위험에 대응하는 방법도 함께 설명하고 있다. 따라서 제시문의 중심 내용으로는 ③이 가장 적절하다.

08 정답 ⑤

제시문에서는 현대 사회의 소비 패턴이 '보이지 않는 손' 아래의 합리적 소비에서 벗어나 과시 소비가 중심이 되었으며 그 이면에는 소비를 통해 자신의 물질적 부를 표현함으로써 신분을 과시하려는 욕구가 있다고 설명하고 있다. 따라서 제시문의 중심 내용으로 ⑤가 가장 적절하다.

09 정답 ②

'피터팬증후군이라는 말로 표현되기도 하였으나 이와 달리 키덜트는 … 긍정적인 이미지를 가지고 있다.'라는 내용을 통해 두 단어가 혼용되지 않음을 알 수 있다.

오답분석
① '20 ~ 40대의 어른이 되었음에도 불구하고 …'라는 구절에서 나이를 알 수 있다.
③ '키덜트는 각박한 현대인의 생활 속에서 마음 한구석에 어린이의 심상을 유지하는 사람들로 긍정적인 이미지를 가지고 있다.'라는 문장을 통해 키덜트와 현대사회가 밀접한 관련이 있음을 짐작할 수 있다.
④ '키덜트들은 이를 통해 얻은 영감이나 에너지가 일에 도움이 된다고 한다.'의 내용에서 찾을 수 있다.
⑤ '기업들은 키덜트족을 타깃으로 하는 상품과 서비스를 만들어 내고 있으며 …'를 통해 시장의 수요자임을 알 수 있다.

10 정답 ⑤

개념에 대해 충분히 이해하면서도 개념의 사례를 제대로 구별하지 못할 수 있다. 따라서 비둘기와 참새를 구별하지 못했다고 해서 비둘기의 개념을 이해하지 못하고 있다고 평가할 수는 없다.

오답분석
① 개념의 사례를 식별하는 능력이 개념을 이해하는 능력을 함축하는 것은 아니므로 정사각형을 구별했다고 해서 정사각형의 개념을 이해하고 있다고 볼 수 없다.
②·④ 개념을 이해하는 능력이 개념의 사례를 식별하는 능력을 함축하는 것 또한 아니므로 개념을 이해했다고 해서 개념의 사례를 완벽하게 식별할 수 있는 것은 아니다.
③ 개념을 충분히 이해하면서도 개념의 사례를 제대로 구별하지 못할 수 있으므로 개념의 사례를 구별하지 못했다고 해서 개념을 충분히 이해하지 못하고 있다고 판단할 수 없다.

11 정답 ①

마지막 문단에서 과거제 출신의 관리들이 공동체에 대한 소속감이 낮고 출세 지향적이었다는 내용을 확인할 수 있다.

오답분석
② 첫 번째 문단에서 고염무는 관료제의 상층에는 능력주의적 제도를 유지하되 지방관인 지현은 그 지위를 평생 유지시켜 주고 세습의 길까지 열어 놓는 방안을 제안했다고 했으므로 적절하지 않다.
③ 첫 번째 문단에서 황종희가 '벽소'와 같은 옛 제도를 되살리는 방법으로 과거제를 보완하자고 주장했다는 내용을 볼 수 있다. 따라서 벽소는 과거제를 없애고자 등장한 새로운 제도가 아니라 과거제를 보완하고자 되살린 옛 제도이므로 적절하지 않다.
④ 두 번째 문단에서 과거제는 학습 능력 이외의 인성이나 실무 능력을 평가할 수 없다는 이유로 시험의 익명성에 대한 회의도 있었다고 하였으므로 적절하지 않다.

⑤ 마지막 문단에서 과거제를 통해 임용된 관리들은 승진을 위해서 빨리 성과를 낼 필요가 있었기에, 지역 사회를 위해 장기적인 전망을 가지고 정책을 추진하기보다 가시적이고 단기적인 결과만을 중시하는 부작용을 가져왔다고 하였으므로 적절하지 않다.

12 정답 ③

사람은 한쪽 눈으로 얻을 수 있는 단안 단서만으로도 이전의 경험으로부터 추론에 의하여 세계를 3차원으로 인식할 수 있다. 즉, 사고로 한쪽 눈의 시력을 잃어도 남은 한쪽 눈에 맺히는 2차원의 상들은 다양한 실마리를 통해 입체 지각이 가능하다.

13 정답 ④

두 번째 문단에 따르면 인간이 지구상에서 이용할 수 있는 생활공간은 제한되어 있기 때문에 인간이 이용할 수 있는 생활공간의 한계를 깨뜨리지 않는 범위 안에서만 인간의 생활공간을 확장시켜야 한다고 언급되어 있다.

14 정답 ①

제시문의 마지막 문단에 따르면 레드 와인의 탄닌 성분이 위벽에 부담을 줄 수 있으므로 스파클링 와인이나 화이트 와인을 먼저 마신 후 레드 와인을 마시는 것이 좋다. 따라서 레드 와인의 효능으로 '위벽 보호'는 적절하지 않다.

오답분석
② 마지막 문단에 따르면 레드 와인은 위액의 분비를 촉진하여 식욕을 촉진시킨다.
③ 세 번째 문단에 따르면 레드 와인에 함유된 항산화 성분이 노화 방지에 도움을 준다.
④ 네 번째 문단에 따르면 레드 와인에 함유된 레버라트롤 성분을 통해 기억력이 향상될 수 있다.
⑤ 다섯 번째 문단에 따르면 레드 와인에 함유된 퀘르세틴과 갈산이 체내의 면역력을 높인다.

15 정답 ③

제시문은 사회복지의 역할을 긍정하며 사회복지 찬성론자의 입장을 설명하고 있다. 따라서 사회 발전을 위한 사회복지가 오히려 장애가 될 수 있다는 내용의 ③은 이에 대한 반박으로 가장 적절하다.

오답분석
① 사회복지는 소외 문제를 해결하고 예방하기 위하여 사회 구성원들이 각자의 사회적 기능을 원활하게 수행하게 한다.
② 사회복지는 삶의 질을 향상시키는 데 필요한 제반 서비스를 제공하는 행위와 그 과정을 의미한다.
④ 현대 사회가 발전함에 따라 생기는 문제의 기저에는 경제 성장과 사회 분화 과정에서 나타나는 불평등과 불균형이 있다.
⑤ 찬성론자들은 병리 현상을 통해 생겨난 희생자들을 방치하게 되면 사회 통합은 물론 지속적 경제 성장에 막대한 지장을 초래할 것이라고 주장한다.

16 정답 ③

제시문에서는 한국 사람들이 자기보다 우월한 사람들을 준거집단으로 삼기 때문에 이로 인한 상대적 박탈감으로 행복감이 낮다고 설명하고 있으므로 이를 반증하는 사례를 통해 반박해야 한다. 만약 자신보다 우월한 사람들을 준거집단으로 삼으면서도 행복감이 낮지 않은 나라가 있다면 이에 대한 반박이 되므로 ③이 가장 적절하다.

17 정답 ③

제시문은 윤리적 상대주의가 참이라는 결론을 내리기 위한 논증이다. 어떤 행위에 대한 문화 간의 지속적인 시비 논란(윤리적 판단)은 사람들의 윤리적 기준 차이에 의하여 한 문화 안에서 시대마다 다르기도 하고, 동일한 문화와 시대 안에서도 다를 수 있다. 즉, 올바른 윤리적 기준은 그것을 적용하는 사람에 따라 상대적이므로 윤리적 상대주의가 참이라는 논증이다.

따라서 이 논증의 반박은 '절대적 기준에 의한 보편적 윤리 판단은 존재한다.'가 되어야 한다. 그러나 ③은 '윤리적 판단이 항상 서로 다른 것은 아니다.'라는 내용이다. 제시문에서도 윤리적 판단이 '~ 다르기도 하다.', '다른 윤리적 판단을 하는 경우를 볼 수 있다.'고 했지 '항상 다르다.'고는 하지 않았으므로 ③은 반박으로 적절하지 않다.

18 정답 ④

범죄 보도가 가져오는 법적·윤리적 논란에 관하여 설명하고 있으므로 범죄에 관한 지나친 보도가 문제가 될 수 있다는 내용이 이어져야 한다.

19 정답 ①

제시문에 따르면 복지국가 담론에 대한 회의 혹은 자본주의 시장 실패에 대한 대안이나 보완책으로 '사회적 경제'가 거론된다. 따라서 '기존의 복지국가 담론'은 사회적 경제가 등장하게 된 배경으로 볼 수 있으며, 이는 사회적 경제의 개념과 거리가 멀다.

20 정답 ⑤

레이저가 현대의 거의 모든 제품과 서비스에 막대한 영향을 끼치는 최첨단 기술로 자리 잡았다는 내용을 통해 추론할 수 있는 내용이다.

오답분석

① 다른 방향으로 쉽게 퍼지는 보통의 빛과 달리 레이저광선은 다른 방향으로 쉽게 퍼지지 않는다.
② 단일한 파장과 방향성을 가진 광자로 이루어진 레이저광선과 달리 보통의 빛은 다양한 광자로 이루어져 있다.
③ 보통의 빛과 다른 특성을 지닌 레이저광선은 보통의 빛이 할 수 없는 일들을 하고 있으므로 보통의 빛으로는 CD의 음악을 재생할 수 없다.
④ 매질의 종류에 따라 레이저의 특성은 다양하지만, 모든 레이저광선은 기본적으로 단일한 파장과 방향성을 가진 광자로 이루어져 있다.

01	02	03	04	05	06	07	08	09	10
②	⑤	②	②	①	①	①	④	①	②
11	12	13	14	15	16	17	18	19	20
④	④	③	②	①	④	②	①	③	③

01
정답 ②

강대리와 이사원의 진술이 서로 모순이므로, 둘 중 1명은 거짓을 말하고 있다.
ⅰ) 강대리의 말이 거짓인 경우
워크숍 불참 인원이 2명이므로 조건이 성립하지 않는다.
ⅱ) 강대리의 말이 참인 경우
박사원의 말도 참이 된다. 이때 박사원의 말이 참이라면 유사원은 워크숍에 참석했다. 이사원의 말은 거짓이고, 누가 워크숍에 참석하지 않았는지 모른다는 진술에 의해 김대리의 말 역시 거짓이 된다. 강대리, 박사원, 이사원의 진술에 따라 워크숍에 참석한 사람은 강대리, 김대리, 유사원, 이사원이므로 워크숍에 참석하지 않은 사람은 박사원이 된다.
따라서 거짓말을 하는 사람은 이사원과 김대리이며, 워크숍에 참석하지 않은 사람은 박사원이다.

02
정답 ⑤

A ~ E의 진술에 따르면 B와 D의 진술은 반드시 동시에 참이나 거짓이 되어야 하며, A와 B의 진술 역시 동시에 참이나 거짓이 되어야 한다. 이때 B의 진술이 거짓일 경우, A와 D의 진술 모두 거짓이 되므로 2명이 거짓을 말한다는 조건에 어긋난다.
따라서 진실을 말하고 있는 심리상담사는 A, B, D이며, 거짓을 말하고 있는 심리상담사는 C와 E이다. 이때 B와 D의 진술에 따라 근무시간에 자리를 비운 사람은 C가 된다.

03
정답 ②

먼저 A사원의 말이 거짓이라면 A사원과 D사원 두 명이 3층에서 근무하게 되고, 반대로 D사원의 말이 거짓이라면 3층에는 아무도 근무하지 않게 되므로 조건에 어긋난다. 결국 A사원과 D사원은 진실을 말하고 있음을 알 수 있다. 또한 C사원의 말이 거짓이라면 아무도 홍보팀에 속하지 않으므로 C사원도 진실을 말하고 있음을 알 수 있다. 따라서 거짓말을 하고 있는 사람은 B사원이며, 이때 B사원은 총무팀 소속으로 6층에서 근무하고 있다.

04
정답 ②

을과 정이 서로 상반된 이야기를 하고 있으므로 둘 중 한 명이 거짓말을 하고 있다. 만일 을의 진술이 참이고 정의 진술이 거짓이라면 화분을 깨뜨린 사람은 병, 정이 되는데, 화분을 깨뜨린 사람은 1명이어야 하므로 모순이 된다. 따라서 거짓말을 한 사람은 을이다.

05
정답 ①

각각의 진술이 참일 경우는 다음과 같다.
ⅰ) 수민이의 말이 참인 경우
수민이와 한별이는 농구장, 영수는 극장에 갔으므로 수영장에 간 사람이 없어 모순이다.
ⅱ) 한별이의 말이 참인 경우
수민이와 한별이는 수영장 또는 극장에 갈 수 있고, 영수는 극장에 갔으므로 농구장에 간 사람이 없어 모순이다.
ⅲ) 영수의 말이 참인 경우
수민이는 수영장 또는 극장, 영수는 수영장 또는 농구장에 갈 수 있고, 한별이는 농구장에 갔다.
따라서 수민이는 극장, 한별이는 농구장, 영수는 수영장에 갔다.

06
정답 ①

B와 D는 동일하게 A보다 낮은 표를 얻고 C보다는 높은 표를 얻었으나, B와 D를 서로 비교할 수 없으므로 득표수가 높은 순서대로 나열하면 'A - B - D - C - E' 또는 'A - D - B - C - E'가 된다. 어느 경우라도 A의 득표수가 가장 높으므로 A가 학급 대표로 선출된다.

07
정답 ①

세영>희정, 세영>은솔·희진으로 세영이가 가장 높은 층에 사는 것을 알 수 있으나, 제시된 사실만으로는 가장 낮은 층에 사는 사람을 알 수 없다.

08
정답 ④

주어진 조건에 따라 좌석을 무대와 가까운 순서대로 나열하면 '현수 - 형호 - 재현 - 지연 - 주현'이므로 형호는 현수와 재현 사이의 좌석을 예매했음을 알 수 있다. 그러나 제시된 조건만으로 정확한 좌석의 위치를 알 수 없으므로 서로의 좌석이 바로 뒤 또는 바로 앞의 좌석인지는 추론할 수 없다.

09
정답 ①

주어진 내용을 모두 기호로 표기하면 다음과 같다.
• B → ~E
• ~B and ~E → D
• A → B or D
• C → ~D
• C → A
C가 워크숍에 참석하는 경우 D는 참석하지 않으며, A는 참석한다. A가 워크숍에 참석하면 B 또는 D 중 1명이 함께 참석하므로 B가 A와 함께 참석한다. 또한 B가 워크숍에 참석하면 E는 참석하지 않는다. 따라서 워크숍에 참석하는 직원은 A, B, C이다.

10 정답 ②

'하루에 두 끼를 먹는 어떤 사람도 뚱뚱하지 않다.'를 다르게 표현하면 '하루에 두 끼를 먹는 모든 사람은 뚱뚱하지 않다.'이다. 따라서 두 번째 명제와 연결하면 '아침을 먹는 모든 사람은 하루에 두 끼를 먹고, 하루에 두 끼를 먹는 사람은 뚱뚱하지 않다.'이므로, 이를 정리한 ②가 빈칸에 가장 적절하다.

11 정답 ④

앞의 항에 $\times 4+1$, $\times 4+2$, $\times 4+3$, …을 하는 수열이다.
따라서 (　)$=4,549 \times 4+6=18,202$이다.

12 정답 ④

앞의 항에 2^1, 2^2, 2^3, 2^4, 2^5, …을 더하는 수열이다.
따라서 (　)$=25+2^5=57$이다.

13 정답 ③

앞의 항에 $\times 3+1$을 적용하는 수열이다.
따라서 (　)$=121 \times 3+1=364$이다.

14 정답 ②

앞의 항에 $\times 2-2$를 적용하는 수열이다.
따라서 (　)$=98 \times 2-2=194$이다.

15 정답 ①

$\times \dfrac{2}{3}$, -1이 반복되는 수열이다.
따라서 (　)$=-\dfrac{14}{15}-1=-\dfrac{29}{15}$이다.

16 정답 ④

홀수 항은 3씩 곱하는 수열이고, 짝수 항은 $\dfrac{1}{2}$씩 더하는 수열이다.
따라서 (　)$=9 \times 3=27$이다.

17 정답 ②

$+2.7$, $\div 2$가 반복되는 수열이다.
따라서 (　)$=10.2 \div 2=5.1$이다.

18 정답 ①

홀수 항은 $\times \dfrac{1}{2}$, 짝수 항은 -3.7, -4.2, -4.7, …이다.
따라서 (　)$=1 \times \dfrac{1}{2}=\dfrac{1}{2}$이다.

19 정답 ③

$\underline{A\ B\ C} \rightarrow A+B=C$
따라서 (　)$=34-13=21$이다.

20 정답 ③

$\underline{A\ B\ C} \rightarrow A+2B=2C$
따라서 (　)$=(4+2 \times 3) \div 2=5$이다.

01	02	03	04	05	06	07	08	09	10
③	②	③	②	①	③	④	④	④	①
11	12	13	14	15	16	17	18	19	20
③	①	④	③	③	①	③	②	④	⑤

01
정답 ③

A지점에서 P지점 사이의 거리를 $x$km, P지점에서 B지점 사이의 거리를 $(30-x)$km라 하면 다음과 같은 식이 성립한다.
(A에서 P까지 가는 데 걸린 시간)+(P에서 B까지 가는 데 걸린 시간)=9시간

$\rightarrow \dfrac{x}{3}+\dfrac{30-x}{4}=9$

$\therefore x=18$

따라서 A지점과 P지점 사이의 거리는 18km이다.

02
정답 ②

농도 5%의 소금물의 양을 xg이라고 하면 다음과 같은 식이 성립한다.

$\dfrac{11}{100}\times100+\dfrac{5}{100}\times x=\dfrac{10}{100}\times(100+x)$

$\rightarrow 1,100+5x=1,000+10x$

$\therefore x=20$

따라서 농도 5%의 소금물은 20g이다.

03
정답 ③

종대의 나이가 14세이므로 종인이의 나이는 14−3=11세이다.
아버지의 나이를 x세라고 하면 다음과 같은 식이 성립한다.
$(14+11)\times1.6=x$

$\therefore x=40$

따라서 아버지의 나이는 40세이다.

04
정답 ②

무의 개수를 x개, 감자의 개수는 $(15-x)$개라고 하자.
지불한 총금액에 관한 방정식을 세우면 다음과 같다.
$700x+1,200\times(15-x)=14,500$

$\rightarrow 500x=3,500$

$\therefore x=7$

따라서 구입한 무의 개수는 7개이다.

05
정답 ①

감자와 당근의 봉지 개수에서 남는 봉지 개수를 제외하면 각각 52봉지, 91봉지가 된다. 두 수의 최대공약수는 13이므로 감자와 당근을 받을 수 있는 최대 인원은 13명이다.

06
정답 ③

• 4년제 대학교 졸업생 : $1,250\times0.64=800$명
• 전문대 졸업생 : $1,250\times0.3=375$명
$\therefore 800-375=425$명
따라서 4년제 졸업생과 전문대 졸업생의 인원 차는 425명이다.

07
정답 ④

대략적으로 보아도 3,000의 40%보다 5,000의 30%가 더 많은 수치라는 것을 알 수 있다. 계산을 해보면 2021년 배구의 관중 수는 $4,843\times0.304≒1,472$천 명, 핸드볼 관중 수는 $2,756\times0.438≒1,207$천 명이다.

오답분석

① 2020년에는 전년 대비 농구의 관중 수용률이 증가했다.
② 2023년에는 야구의 관중 수용률이 농구의 관중 수용률보다 높다.
③ 관중 수용률이 매년 증가한 종목은 야구와 축구뿐이다.
⑤ 농구는 '증가 − 동일 − 동일 − 증가'의 양상을 보이고, 핸드볼은 '동일 − 동일 − 감소 − 증가'의 양상을 보이고 있으므로 같지 않다.

08
정답 ④

• 지환 : 2020년부터 2023년까지 방송수신료 매출액은 전년 대비 '증가 − 감소 − 감소 − 증가'의 추이를, 프로그램 판매 매출액은 전년 대비 '감소 − 증가 − 증가 − 감소'의 추이를 보이고 있다. 따라서 방송수신료 매출액의 증감 추이와 반대되는 추이를 보이는 항목이 존재한다.
• 동현 : 각 항목의 매출액 순위는 '광고 − 방송수신료 − 기타 사업 − 협찬 − 기타 방송사업 − 프로그램 판매' 순서이며, 2019년부터 2023년까지 이 순위는 계속 유지된다.
• 세미 : 2019년 대비 2023년에 매출액이 상승하지 않은 항목은 방송수신료, 광고로 총 2개이다.

오답분석

• 소영 : 항목별로 최대 매출액과 최소 매출액의 차를 구해보면 다음과 같다.
  − 방송수신료 : 57−53=4십억 원
  − 광고 : 232−210=22십억 원
  − 협찬 : 33−30=3십억 원
  − 프로그램 판매 : 13−10=3십억 원
  − 기타 방송사업 : 22−18=4십억 원
  − 기타 사업 : 42−40=2십억 원
기타 사업의 매출액 변동폭은 2십억 원이므로, 모든 항목의 매출액이 3십억 원 이상의 변동폭을 보인 것은 아니다.

09 정답 ④

8점의 사고 전 전체 점수는 98×8=784점이고, 사고 후에는 32×8=256점이므로 500점 이상 차이가 난다.

오답분석

① 사고 전 중립인 사람은 375명이고, 사고 후는 216명으로 375−216=159명이 감소했다.
② 약 5.36배 감소했다.
③ 적극 반대의 경우 사고 전에는 52명이었다가 사고 후 206명으로 늘었기 때문에 차이는 154명이다. 따라서 중립 입장의 사고 전과 사고 후 차이인 159명 다음으로 큰 입장 차이를 보인다.
⑤ 사고 전과 사고 후 입장의 변화가 없는 사람은 총 297명이다. 따라서 30% 미만이다.

10 정답 ①

자료는 비율을 나타내기 때문에 실업자의 수는 알 수 없다.

오답분석

② 실업자 비율은 2%p 증가하였다.
③ 경제활동인구 비율은 80%에서 70%로 감소하였다.
④ 취업자 비율이 12%p 감소한 반면, 실업자 비율은 2%p 증가하였기 때문에 취업자 비율의 증감폭이 더 크다.
⑤ 비경제활동인구의 비율은 10%p 증가하였다.

11 정답 ③

2023년 3/4분기에도 감소하였다.

오답분석

①·④ 제시된 자료를 보면 알 수 있다.
② 2023년 2/4분기 조회 서비스 이용 실적은 849천 건이고, 전 분기의 이용 실적은 817천 건이므로 849−817=32, 즉 3만 2천 건 증가하였다.
⑤ 1,081÷14≒77.21이므로 2023년 4/4분기의 조회 서비스 이용 실적은 자금이체 서비스 이용 실적의 약 77배이다.

12 정답 ①

자료를 분석하면 다음과 같다.

생산량(개)	0	1	2	3	4	5
총판매수입(만 원)	0	7	14	21	28	35
총생산비용(만 원)	5	9	12	17	24	33
이윤(만 원)	−5	−2	+2	+4	+4	+2

오답분석

ⓒ 생산량을 4개에서 5개로 늘리면 이윤은 2만 원으로 감소한다.
ⓔ 1개를 생산하면 −2만 원이지만, 생산하지 않을 때는 −5만 원이다.

13 정답 ④

세 지역 모두 핵가족 가구 비중이 더 높으므로 핵가족 가구 수가 확대가족 가구 수보다 더 많다.

오답분석

① 핵가족 가구의 비중이 가장 높은 곳은 71%인 B지역이다.
② 1인 가구는 기타 가구의 일부이므로 1인 가구만의 비중은 알 수 없다.
③ 확대가족 가구의 비중이 가장 높은 곳은 C지역이지만 이 수치는 어디까지나 비중이므로 가구 수는 알 수가 없다.
⑤ 부부 가구의 구성비는 B지역이 가장 높다.

14 정답 ③

일반 내용의 스팸문자는 2020년 하반기 0.12통에서 2021년 상반기에 0.05통으로 감소하였다.

오답분석

① 제시된 자료에 따르면 2021년부터 성인 스팸문자 수신이 시작되었다.
② 2020년 하반기에는 일반 스팸문자가, 2021년 상반기에는 대출 스팸문자가 가장 높은 비중을 차지했다.
④ 해당 기간 동안 대출 관련 스팸문자가 가장 큰 폭(0.05)으로 증가하였다.
⑤ 전년 동분기 대비 2021년 하반기의 1인당 스팸문자의 내용별 수신 수의 증가율은 $\frac{0.17-0.15}{0.15}\times100≒13.33\%$이므로 적절한 설명이다.

15 정답 ③

• 2018년 대비 2019년 사고 척수의 증가율 :
$$\frac{2,400-1,500}{1,500}\times100=60\%$$

• 2021년 대비 2022년 인명피해 인원수의 감소율 :
$$\frac{240-750}{750}\times100=-68\%$$

따라서 사고 척수의 증가율과 인명피해 인원수의 감소율이 바르게 짝지어진 것은 ③이다.

16 정답 ①

• 1학년 전체 학생 중 빨강을 좋아하는 학생 수의 비율 :
$$\frac{50}{250}\times100=20\%$$

• 2학년 전체 학생 중 노랑을 좋아하는 학생 수의 비율 :
$$\frac{75}{250}\times100=30\%$$

따라서 학생 수의 비율이 바르게 짝지어진 것은 ①이다.

17
정답 ③

인구성장률 그래프의 경사가 완만할수록 인구수 변동이 적다.

오답분석

① 인구성장률은 1970년 이후 계속 감소하고 있다.
② 총인구가 감소하려면 인구성장률 그래프가 (−)값을 가져야 하는데 2011년과 2015년에는 (+)값을 갖는다.
④ 그래프를 통해 1990년 인구가 더 적다는 것을 알 수 있다.
⑤ 그래프를 통해 2020년부터 총인구가 감소하는 모습을 보이고 있음을 알 수 있다.

18
정답 ②

2017 ~ 2018년 동안 농업 분야와 긴급구호 분야의 지원금은 다음과 같다.
• 농업 : 1,275+147.28=1,422.28억 원
• 긴급구호 : 951+275.52=1,226.52억 원
따라서 농업 분야의 지원금이 더 많다.

오답분석

①・⑤ 제시된 자료를 통해 알 수 있다.
③ 2017 ~ 2018년 동안 가장 많은 금액을 지원한 분야는 보건의료 분야로 동일하다.
④ 2017년의 산림분야 지원금은 100억 원이고, 2018년은 73.58억 원이다. 따라서 100−73.58=26.42억 원 감소했으므로 25억 원 이상 감소했다.

19
정답 ④

유효슈팅 대비 골의 비율은 울산이 $\frac{18}{60} \times 100 = 30\%$, 상주가 $\frac{12}{30} \times 100 = 40\%$로 상주가 울산보다 높다.

오답분석

① 슈팅 개수의 상위 3개 구단은 '전북, 울산, 대구'이나 유효슈팅 개수의 상위 3개 구단은 '전북, 울산, 포항'이다.
② 경기당 평균 슈팅 개수가 가장 많은 구단은 18개로 전북이고, 가장 적은 구단은 7개로 서울이므로 그 차이는 18−7=11개이다. 또한 경기당 평균 유효슈팅 개수가 가장 많은 구단은 12개로 전북이고, 가장 적은 구단은 3개로 서울이므로 그 차이는 12−3=9개이다.
③ 골의 개수가 적은 하위 두 팀은 9개인 포항과 10개인 서울로 골 개수의 합은 9+10=19개이다. 이는 전체 골 개수인 18+27+12+9+12+10+12=100개의 $\frac{19}{100} \times 100 = 19\%$이므로 15% 이상이다.
⑤ 슈팅 대비 골의 비율은 전북이 $\frac{27}{108} \times 100 = 25\%$, 성남이 $\frac{12}{60} \times 100 = 20\%$로 그 차이는 25−20=5%p로 10%p 이하이다.

20
정답 ⑤

3호선과 4호선의 7월 승차인원은 같으므로 1 ~ 6월 승차인원을 비교하면 다음과 같다.
• 1월 : 1,692−1,664=28만 명
• 2월 : 1,497−1,475=22만 명
• 3월 : 1,899−1,807=92만 명
• 4월 : 1,828−1,752=76만 명
• 5월 : 1,886−1,802=84만 명
• 6월 : 1,751−1,686=65만 명
따라서 3호선과 4호선의 승차인원 차이는 3월에 가장 컸다.

오답분석

①・② 제시된 자료를 통해 확인할 수 있다.
③ 8호선 7월 승차인원의 1월 대비 증가율은 $\frac{572-550}{550} \times 100 = 4\%$로, 3% 이상이다.
④ 2 ~ 7월 동안 2호선과 8호선의 전월 대비 증감 추이는 '감소−증가−감소−증가−감소−증가'로 같다.

01	02	03	04	05	06	07	08	09	10	11	12	13	14	15					
③	⑤	⑤	⑤	①	⑤	⑤	③	③	①	⑤	②	③	⑤	①					

01

정답 ③

A : 왼쪽 내부도형과 왼쪽 외부도형 위치 변경
B : 시계 반대 방향으로 한 칸 이동
C : 왼쪽 내부도형과 오른쪽 내부도형 위치 변경

외부도형	①	②	③	④
내부도형	1	2	3	4

$\xrightarrow{A}$

1	②	3	④
①	2	③	4

$\xrightarrow{\text{Yes}}{B}$

②	2	④	4
1	①	3	③

$\xrightarrow[A]{\text{No}}$

1	2	3	4
②	①	④	③

이다.

02

정답 ⑤

A : 왼쪽 내부도형과 왼쪽 외부도형 위치 변경
B : 시계 반대 방향으로 한 칸 이동
C : 왼쪽 내부도형과 오른쪽 내부도형 위치 변경

외부도형	①	②	③	④
내부도형	1	2	3	4

$\xrightarrow{B}$

②	2	④	4
①	1	③	3

$\xrightarrow{A}$

①	2	③	4
②	1	④	3

$\xrightarrow[C]{\text{No}}$

①	2	③	4
1	②	3	④

$\xrightarrow[A]{\text{Yes}}$

1	2	3	4
①	②	③	④

이다.

03

정답 ⑤

A :

외부도형	1	②
내부도형	③	4

$\rightarrow$

②	1
4	③

B :

외부도형	①	2
내부도형	3	④

$\rightarrow$

1	②
③	4

C :

외부도형	①	②
내부도형	3	4

$\rightarrow$

1	2
3	4

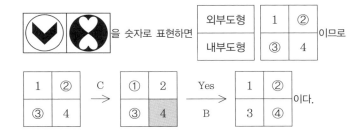

을 숫자로 표현하면

외부도형	1	②
내부도형	③	4

이므로

1	②
③	4

→ C →

①	2
③	4

→ Yes B →

1	②
3	④

이다.

04

정답 ⑤

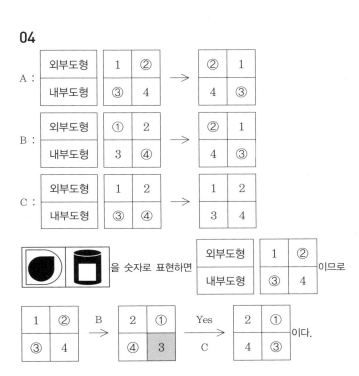

A :

외부도형	1	②
내부도형	③	4

→

②	1
4	③

B :

외부도형	①	2
내부도형	3	④

→

②	1
4	③

C :

외부도형	1	2
내부도형	③	④

→

1	2
3	4

을 숫자로 표현하면

외부도형	1	②
내부도형	③	4

이므로

1	②
③	4

→ B →

2	①
④	3

→ Yes C →

2	①
4	③

이다.

05

정답 ①

A :

외부도형	①	2
내부도형	3	④

→

1	②
③	4

B :

외부도형	①	②
내부도형	3	4

→

1	2
3	4

C :

외부도형	1	②
내부도형	3	4

→

②	1
4	3

을 숫자로 표현하면

외부도형	①	2
내부도형	3	4

이므로

06

정답 ⑤

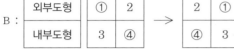

07

정답 ⑤

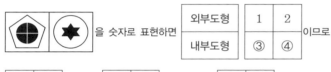

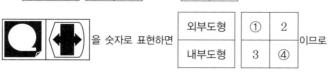

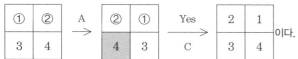

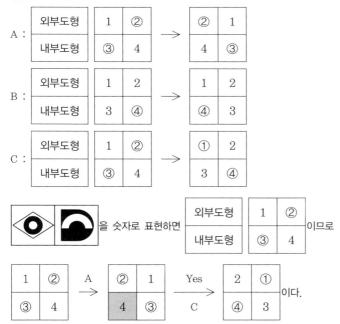

10   정답 ①

A :

B :

C :

11   정답 ⑤

A :

B :

C :

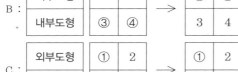

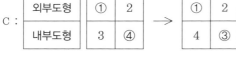

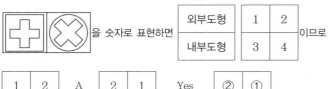

12

정답 ②

A : 반 시계 방향으로 도형 한 칸 이동
B : 색 반전
C : 상하 방향으로 도형 및 색상 이동

13

정답 ③

A : 반 시계 방향으로 도형 한 칸 이동
B : 색 반전
C : 상하 방향으로 도형 및 색상 이동

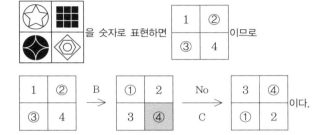

14

정답 ⑤

A : 색 반전
B : 좌우 방향으로 도형 및 색상 이동
C : 시계 방향으로 도형 및 색상 한 칸 이동

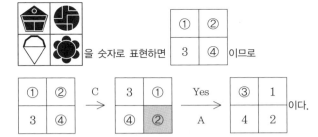

15

A : 색 반전
B : 좌우 방향으로 도형 및 색상 이동
C : 시계 방향으로 도형 및 색상 한 칸 이동

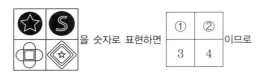 을 숫자로 표현하면

①	②
3	4

이므로

①	②
3	4

→ B →

②	①
4	3

→ Yes C →

4	②
3	①

이다.

제2회 모의고사 정답 및 해설

제1영역 언어

01	02	03	04	05	06	07	08	09	10
④	⑤	③	④	④	③	①	⑤	④	④
11	12	13	14	15	16	17	18	19	20
①	⑤	④	③	②	③	③	①	③	⑤

01
정답 ④

제시문은 수사법 중 하나인 '환유'의 개념에 대해서 설명하고 그것이 어떻게 가능한지에 대한 글이다. 따라서 (마) 환유의 특성 – (나) 환유의 예시 – (다) 인접성에서 비롯되는 환유 – (가) '주전자'와 '물' 사이의 인접성 – (라) 인접성으로 인한 빠른 의미 전이 순으로 나열되어야 한다.

02
정답 ⑤

제시문은 A병원 내과 교수팀이 난치성 결핵균에 대한 치료성적이 세계 최고 수준으로 인정받았으며, 이로 인해 많은 결핵 환자들에게 큰 희망을 주었다는 내용의 글이다. 따라서 (다) 난치성 결핵균에 대한 치료성적이 우리나라가 세계 최고 수준임 – (나) A병원 내과 교수팀이 난치성 결핵의 치료 성공률을 세계 최고 수준으로 높임 – (라) 현재 치료 성공률이 80%에 이름 – (가) 이는 난치성 결핵환자들에게 큰 희망이 될 것임 순서로 나열되어야 한다.

03
정답 ③

(라)의 '이러한 기술 발전'은 (나)의 내용에 해당하고, (가)의 '그러한 위험'은 (다)의 내용에 해당한다. 따라서 내용상 기술 혁신에 대해 먼저 설명하고 그 위험성에 대해 나와야 하므로 가장 알맞은 순서는 (나) – (라) – (다) – (가)이다.

04
정답 ④

교정 중 칫솔질에 대한 중요성을 설명하는 (나), 교정 중 칫솔질 중 교정 장치의 세척도 중요하며 그 방법에 대해 설명하는 (가), 장치 때문에 잘 닦이지 않는 부위를 닦는 방법에 대해 이야기하는 (라), 마지막으로 칫솔질을 할 때 빠트려서는 안 될 부분을 설명하고 있는 (다) 순으로 (나) – (가) – (라) – (다)가 적절하다.

05
정답 ④

제시문은 딸기에 들어있는 비타민 C와 항산화 물질, 식물성 섬유질, 철분 등을 언급하며 딸기의 다양한 효능을 설명하고 있다. 따라서 글의 제목으로 가장 적절한 것은 ④이다.

06
정답 ③

첫 번째 문단에서는 하천의 과도한 영양분이 플랑크톤을 증식시켜 물고기의 생존을 위협한다고 이야기하며, 두 번째 문단에서는 이러한 녹조 현상이 우리가 먹는 물의 안전까지도 위협한다고 이야기한다. 마지막 세 번째 문단에서는 생활 속 작은 실천을 통해 생태계와 인간의 안전을 위협하는 녹조를 예방해야 한다고 이야기하므로 글의 제목으로는 ③이 가장 적절하다.

07
정답 ①

제시문을 살펴보면 먼저 첫 번째 문단에서는 이산화탄소로 메탄올을 만드는 곳이 있다며 관심을 유도하고, 두 번째 문단에서 메탄올을 어떻게 만들고 어디에서 사용하는지 구체적으로 설명함으로써 탄소 재활용의 긍정적인 측면을 부각하고 있다. 하지만 세 번째 문단에서는 앞선 내용과 달리 이렇게 만들어진 메탄올의 부정적인 측면을 설명하고, 네 번째 문단에서는 이와 같은 이유로 탄소 재활용에 대한 결론이 나지 않았다며 글이 마무리되고 있다. 따라서 글의 제목으로 가장 적절한 것은 탄소 재활용의 이면을 모두 포함하는 내용인 ①이다.

오답분석

② 두 번째 문단에 한정된 내용이므로 제시문 전체를 다루는 주제로 보기에는 적절하지 않다.

③ 지열발전소의 부산물을 통해 메탄올이 만들어진 것은 맞지만, 새롭게 탄생된 연료로 보기는 어려우며, 글의 전체를 다루는 주제로 보기에도 적절하지 않다.

④ · ⑤ 제시문의 첫 번째 문단과 두 번째 문단에서는 버려진 이산화탄소 및 부산물의 재활용을 통해 '메탄올'을 제조함으로써 미래 원료를 해결할 수 있을 것처럼 보이지만, 이어지는 세 번째 문단과 네 번째 문단에서는 이렇게 만들어진 '메탄올'이 과연 미래 원료로 적합한지 의문점이 제시되고 있다. 따라서 글의 주제로 적절하지 않다.

08 정답 ⑤

제시문에서는 우리 민족과 함께해 온 김치의 역사를 비롯하여 김치의 특징과 다양성 등을 함께 이야기하고 있으며 복합 산업으로 발전하면서 규모가 성장하고 있는 김치산업에 관해서도 이야기하고 있다. 따라서 글 전체의 내용을 아우를 수 있는 글의 제목으로 가장 적절한 것은 ⑤이다.

오답분석

① · ④ 첫 번째 문단이나 두 번째 문단의 소제목은 될 수 있으나 글 전체 내용을 나타내는 글의 제목으로는 적절하지 않다.
② 세 번째 문단에서 김치산업에 관한 내용을 언급하고 있지만, 이는 현재 김치산업의 시장 규모에 대한 내용일 뿐이므로 산업의 활성화 방안과는 거리가 멀다.

09 정답 ④

브이로거는 영상으로 기록한 자신의 일상을 다른 사람들과 공유하는 사람으로, 브이로거가 아닌 브이로그를 보는 사람들이 브이로거의 영상을 통해 공감과 대리만족을 느낀다.

10 정답 ④

두 번째 문단의 '꼭 필요한 부위에만 접착제와 대나무 못을 사용하여 목재가 수축 · 팽창하더라도 뒤틀림과 휘어짐이 최소화될 수 있도록 하였다.'라는 문장을 볼 때, 접착제와 대나무 못을 사용하면 수축과 팽창이 발생하지 않게 된다는 말은 적절하지 않다.

11 정답 ①

저작권법에 의해 보호받을 수 있는 저작물은 최소한의 창작성을 지니고 있어야 하며, 남의 것을 베낀 것이 아닌 저작자 자신의 것이어야 한다.

12 정답 ⑤

마지막 문단의 '정부도 규제와 의무보다는 사업자의 자율적인 부분을 인정해주고 사업자 노력을 드라이브 걸 수 있는 지원책을 마련하여야 한다.'라는 내용을 통해 정부는 OTT 플랫폼에 장애인 편의 기능과 관련한 규제와 의무를 지어줬지만, 이에 대한 지원책은 없었음을 유추할 수 있다.

오답분석

① 세 번째 문단의 '재생 버튼에 대한 설명이 제공되는 넷플릭스도 영상 재생 시점을 10초 앞으로, 또는 뒤로 이동하는 버튼은 이용하기 어렵다.'라는 내용을 통해 국내 OTT 플랫폼보다는 장애인을 위한 서비스 기능이 더 제공되고 있지만, 여전히 충분히 제공되고 있지 않음을 알 수 있다.
② 세 번째 문단을 통해 장애인들의 국내 OTT 플랫폼의 이용이 어려움을 짐작할 수는 있지만, 제공하는지의 유무는 확인하기 어렵다.

③ 외국 OTT 플랫폼은 국내 OTT 플랫폼보다 상대적으로 장애인 편의 기능을 더 제공하고 있는 것으로 보아 장애인을 수동적인 시혜자가 아닌 능동적인 소비자로 보고 있음을 알 수 있다.
④ 제시문에서는 우리나라 장애인이 외국의 장애인보다 OTT 플랫폼의 이용이 어렵다기보다는 우리나라 OTT 플랫폼이 외국의 OTT 플랫폼보다 장애인이 이용하기 어렵다고 말하고 있다.

13 정답 ④

장피에르 교수 외 고대 그리스 수학자들의 학문에 대한 공통적 입장은 새로운 진리를 찾는 기쁨이라는 것이다.

오답분석

① · ③ 제시문과 반대되는 내용이므로 옳지 않다.
② · ⑤ 제시문에 언급되어 있지 않아 알 수 없다.

14 정답 ③

16세기 말 그레고리력이 도입되기 전 프랑스 사람들은 3월 25일부터 4월 1일까지 일주일 동안 축제를 벌였다.

오답분석

① 만우절이 프랑스에서 기원했다는 이야기는 많은 기원설 중의 하나일 뿐, 정확한 기원은 알려지지 않았다.
② 프랑스는 16세기 말 그레고리력을 받아들이면서 달력을 새롭게 개정하였다.
④ 프랑스에서는 만우절에 놀림감이 된 사람들을 '4월의 물고기'라고 불렀다.
⑤ 프랑스의 관습이 18세기에 이르러 영국으로 전해지면서 영국의 만우절이 생겨났다.

15 정답 ②

A는 경제 성장에 많은 전력이 필요하다는 것을 전제로, 경제 성장을 위해서 발전소를 증설해야 한다고 주장한다. 이러한 A의 주장을 반박하기 위해서는 근거로 제시하고 있는 전제를 부정하는 것이 효과적이므로 경제 성장에 많은 전력이 필요하지 않음을 입증하는 ②를 통해 반박하는 것이 효과적이다.

16 정답 ③

도킨스에 따르면 인간 개체는 유전자라는 진정한 주체의 매체에 지나지 않게 된다. 이러한 생각에는 살아가고 있는 구체적 생명체를 경시하게 되는 논리가 잠재되어 있다. 따라서 무엇이 진정한 주체인가에 대한 물음이 필자의 문제 제기로 적절하다.

17 정답 ③

텔레비전 시청이 개인의 휴식에 도움이 된다는 사실은 텔레비전 시청의 긍정적인 내용일 수는 있으나 제시문의 주제인 부모와 가정의 문제와는 관련이 없다.

18   정답 ①

태초의 자연은 인간과 균형적인 관계로, 서로 소통하고 공생할 수 있었다. 그러나 기술의 발달로 인간은 자연을 정복하고 폭력을 행사했다. 그러나 이는 인간과 자연 양쪽에게 해가 되는 일이므로 힘의 균형을 통해 대칭적인 관계를 회복해야 한다는 것이 제시문의 중심내용이다. 따라서 뒤에 올 내용으로는 그 대칭적인 관계를 회복하기 위한 방법이 적절하다.

19   정답 ③

인간관계에서 일어나는 사회적 행위를 규정한 것이 '충'이므로 충은 임금과 신하 사이의 관계에서 지켜져야 할 사회 윤리이다. 이러한 임금과 신하의 관계는 공동의 목표를 위한 관계로서 의리에 의해서 맺어진 관계이므로 임금과 신하의 관계는 상호 신뢰를 바탕으로 이루어짐을 추론할 수 있다.

20   정답 ⑤

현대는 텔레비전이나 만화책을 보는 문화가 신문이나 두꺼운 책을 읽는 문화를 대체하고 있다. 이처럼 휴식이 따라오는 보는 놀이는 사람들의 머리를 비게 하여 생각 없는 사회로 치닫게 한다. 즉, 사람들은 텔레비전을 보는 동안 휴식을 취하며 생각을 하지 않으므로 텔레비전을 많이 볼수록 생각하는 시간이 적어짐을 추론할 수 있다.

제2영역   언어 · 수추리

01	02	03	04	05	06	07	08	09	10
③	②	①	①	⑤	②	⑤	④	⑤	⑤
11	12	13	14	15	16	17	18	19	20
④	①	③	③	②	⑤	③	①	④	④

01   정답 ③

B의 진술에 따르면 A가 참이면 B도 참이므로, A와 B는 모두 참을 말하거나 모두 거짓을 말한다. 또한 C와 E의 진술은 서로 모순되므로 둘 중에 1명의 진술은 참이고, 다른 1명의 진술은 거짓이 된다. 이때, A와 B의 진술이 모두 거짓일 경우 3명의 진술이 거짓이 되므로 2명의 학생이 거짓을 말한다는 조건에 맞지 않는다. 그러므로 A와 B의 진술은 모두 참이 된다.
i) C와 D의 진술이 거짓인 경우
    C와 E의 진술에 따라 범인은 C이다.
ii) D와 E의 진술이 거짓인 경우
    C의 진술에 따르면 A가 범인이나, A와 B의 진술에 따르면 A는 양호실에 있었으므로 성립하지 않는다.
따라서 범인은 C이다.

02   정답 ②

A는 B와 C를 범인으로 지목하고, D는 C를 범인으로 지목하고 있다. A의 진술은 진실인데 D는 거짓일 수 없으므로 A와 D의 진술이 모두 진실인 경우와 A의 진술이 거짓이고 D의 진술은 참인 경우, 그리고 A와 D의 진술 모두 거짓인 경우로 나누어 볼 수 있다.
i) A와 D의 진술이 모두 진실인 경우 : B와 C가 범인이므로 B와 C가 거짓을 말해야 하며, A, D, E는 반드시 진실을 말해야 한다. 그런데 E가 거짓을 말하고 있으므로 2명만 거짓을 말해야 한다는 조건에 위배된다.
ii) A의 진술은 거짓, D의 진술은 진실인 경우 : B는 범인이 아니고 C만 범인이므로 B는 진실을 말하고, B가 범인이 아니라고 한 E도 진실을 말한다. 따라서 A와 C가 범인이다.
iii) A와 D의 진술이 모두 거짓일 경우 : 범인은 A와 D이고, B, C, E는 모두 진실이 된다.
따라서 A와 C 또는 A와 D가 동시에 범인이 될 수 있다.

03   정답 ①

C의 진술이 참일 경우 D의 진술도 참이 되므로 1명만 진실을 말하고 있다는 조건이 성립하지 않는다. 따라서 C의 진술은 거짓이 되고, D의 진술도 거짓이 되므로 C와 B는 모두 주임으로 승진하지 않았음을 알 수 있다. 따라서 B가 주임으로 승진하였다는 A의 진술도 거짓이 된다. 결국 A가 주임으로 승진하였다는 B의 진술이 참이 되므로 주임으로 승진한 사람은 A사원이 된다.

04
정답 ①

B와 E의 말이 서로 모순되므로 둘 중 한 명은 반드시 거짓을 말하고 있다.

ⅰ) B의 말이 거짓일 경우

E의 말이 참이 되므로 D의 말에 따라 아이스크림을 사야 할 사람은 A가 된다. 또한 나머지 A, C, D의 말 역시 모두 참이 된다.

ⅱ) E의 말이 거짓일 경우

B의 말이 참이 되므로 아이스크림을 사야 할 사람은 C가 된다. 그러나 B의 말이 참이라면 참인 C의 말에 따라 D의 말은 거짓이 된다. 결국 D와 E, 2명이 거짓을 말하게 되므로 한 명만 거짓말을 한다는 조건이 성립하지 않으며, A의 말과도 모순된다.

따라서 거짓말을 하는 사람은 B이며, 아이스크림을 사야 할 사람은 A이다.

05
정답 ⑤

병과 무의 진술에 따르면 무가 열쇠를 잃어버렸으므로 병과 무는 동시에 거짓을 말하거나 진실을 말한다.

ⅰ) 병과 무가 거짓말을 했을 경우

병과 무의 진술에 따라 무는 열쇠를 잃어버리지 않았으며, 진실인 을의 진술에 따라 열쇠를 잃어버린 사람은 정이 된다. 그러나 이때 진실인 정의 진술에 따르면 열쇠를 잃어버린 사람은 갑과 을 중 1명이어야 한다. 결국 을과 정의 진술이 모순되므로 성립하지 않는다.

ⅱ) 병과 무가 진실을 말했을 경우

병과 무의 진술에 따라 무가 열쇠를 잃어버렸으므로 을과 정의 진술은 거짓이 된다.

따라서 을과 정이 거짓말을 하고 있으며, 열쇠를 잃어버린 사람은 무이다.

06
정답 ②

국어를 싫어하는 학생은 수학을 좋아하는데, 수학을 좋아하면 영어를 싫어하므로 국어를 싫어하는 학생은 영어도 싫어한다고 할 수 있다.

07
정답 ⑤

'요리'를 ㉠, '설거지'를 ㉡, '주문받기'를 ㉢, '음식 서빙'을 ㉣이라고 하면 ㉠ → ~㉡ → ~㉣ → ~㉢이 성립한다. 따라서 항상 참이 되는 진술은 ⑤이다.

08
정답 ④

네 번째, 다섯 번째 결과를 통해서 '낮잠 자기를 좋아하는 사람은 스케이팅을 좋아하고, 스케이팅을 좋아하는 사람은 독서를 좋아한다.'는 사실을 얻을 수 있다. 이 사실을 한 문장으로 연결하면 '낮잠 자기를 좋아하는 사람은 독서를 좋아한다.'이다.

09
정답 ⑤

첫 번째와 네 번째 조건에서 여학생 X와 남학생 B가 동점이 아니므로, 여학생 X와 남학생 C가 동점이다. 세 번째 조건에서 여학생 Z와 남학생 A가 동점임을 알 수 있고, 두 번째 조건에서 여학생 Y와 남학생 B가 동점임을 알 수 있다. 남는 남학생 D는 당연히 여학생 W와 동점임을 알 수 있다.

10
정답 ⑤

세 가지 조건을 종합해 보면 A상자에는 테니스공과 축구공이, B상자에는 럭비공이, C상자에는 야구공이 들어가게 됨을 알 수 있다. 따라서 B상자에는 럭비공과 배구공, 또는 럭비공과 농구공이 들어갈 수 있으며, C상자에는 야구공과 배구공, 또는 야구공과 농구공이 들어갈 수 있다. 그러므로 럭비공은 배구공과 같은 상자에 들어갈 수도 있고 아닐 수도 있다.

오답분석

① 농구공을 C상자에 넣으면 배구공이 들어갈 수 있는 상자는 B밖에 남지 않게 된다.

② 세 가지 조건을 종합해 보면 테니스공과 축구공이 들어갈 수 있는 상자는 A밖에 남지 않음을 알 수 있다.

③ A상자는 이미 꽉 찼고 남은 상자는 B와 C인데, 이 두 상자에도 각각 공이 하나씩 들어가 있으므로 배구공과 농구공은 각각 두 상자에 나누어져 들어가야 한다. 따라서 두 공은 같은 상자에 들어갈 수 없다.

④ B상자에 배구공을 넣으면 농구공을 넣을 수 있는 상자는 C밖에 남지 않으므로, 농구공과 야구공은 함께 C상자에 들어가게 된다.

11
정답 ④

{(앞의 항)+7}×2=(뒤의 항)인 수열이다.
따라서 (　)=(178+7)×2=370이다.

12
정답 ①

(앞의 항)×5=(뒤의 항)인 수열이다.
따라서 (　)=3,125×5=15,625이다.

13
정답 ③

앞의 항에 $+2^1$, $+2^3$, $+2^5$, $+2^7$, $+2^9$, …을 하는 수열이다.
따라서 (　)=$171+2^9$=683이다.

14
정답 ③

분자는 ×5이고, 분모는 -1인 수열이다.
따라서 (　)=$\dfrac{250 \times 5}{4-1} = \dfrac{1,250}{3}$이다.

15

정답 ②

$+1.2$와 $\div 2$를 번갈아 가면서 적용하는 수열이다.

따라서 ( )$=1.1+1.2=2.3$이다.

16

정답 ⑤

(분자)$\times$(분모)$=1,024$인 수열이다.

따라서 ( )$=\dfrac{16}{64}$이다.

17

정답 ③

n을 자연수라고 하면 n항과 $(n+2)$항을 곱한 값이 $(n+1)$항이 되는 수열이다.

따라서 ( )$=\dfrac{1}{9}\times 36=4$이다.

18

정답 ①

$\underline{A\ B}\ \underline{C\ D} \rightarrow A+B=C+D$

따라서 ( )$=9+4-3=10$이다.

19

정답 ④

$\underline{A\ B\ C}\ D \rightarrow A+B+C=D$

따라서 ( )$=5+6+2=13$이다.

20

정답 ④

$\underline{A\ B}\ C \rightarrow (A\times B)-5=C$

따라서 ( )$=(3+5)\div(-4)=-2$이다.

제**3**영역 수리

01	02	03	04	05	06	07	08	09	10
④	③	⑤	②	②	③	②	①	⑤	②
11	12	13	14	15	16	17	18	19	20
③	③	④	⑤	③	④	④	②	②	③

01

정답 ④

K회사에서 출장지까지의 거리를 $x$km라고 하자.

이때 K회사에서 휴게소까지의 거리는 $\dfrac{4}{10}x=\dfrac{2}{5}x$km,

휴게소에서 출장지까지의 거리는 $\left(1-\dfrac{2}{5}\right)x=\dfrac{3}{5}x$km이다.

$$\left(\dfrac{2}{5}x\times\dfrac{1}{75}\right)+\dfrac{30}{60}+\left(\dfrac{3}{5}x\times\dfrac{1}{75+25}\right)=\dfrac{200}{60}$$

$$\rightarrow \dfrac{2}{375}x+\dfrac{3}{500}x=\dfrac{17}{6}$$

$$\rightarrow 8x+9x=4,250$$

$$\therefore x=250$$

따라서 K회사에서 출장지까지의 거리는 250km이다.

02

정답 ③

원래 만들려고 한 소금물을 식으로 나타내면 다음과 같다.

$$\dfrac{9}{100}x+\dfrac{18}{100}y=\dfrac{12}{100}(x+y) \rightarrow x=2y \cdots \text{㉠}$$

잘못 만들어진 소금물의 농도를 X%라고 하면 다음과 같은 식이 성립한다.

$$\dfrac{18}{100}x+\dfrac{9}{100}y=\dfrac{X}{100}(x+y)$$

$$\rightarrow (X-18)x+(X-9)y=0 \cdots \text{㉡}$$

㉠을 ㉡에 대입하면

$$\therefore X=15$$

따라서 만들어진 소금물의 농도는 15%이다.

03

정답 ⑤

아버지, 은서, 지은이의 나이를 각각 x, $\dfrac{1}{2}x$, $\dfrac{1}{7}x$세라고 하면 다음과 같은 식이 성립한다.

$$\dfrac{1}{2}x-\dfrac{1}{7}x=15$$

$$\rightarrow 7x-2x=210$$

$$\therefore x=42$$

따라서 아버지의 나이는 42세이다.

04 정답 ②

큰 정사각형의 한 변의 길이는 40과 16의 최소공배수인 80이므로 가로에는 2개, 세로에는 5개를 둘 수 있다.
따라서 돗자리는 최소 10개가 필요하다.

05 정답 ②

볼펜은 1개가 부족하고, 지우개와 샤프는 각각 2개가 남아 볼펜 30자루, 지우개 36개, 샤프 24개를 학생들에게 똑같이 나눠주는 경우와 같다. 따라서 30, 36, 24의 최대공약수는 6으로, 학생 수는 6명이 된다.

06 정답 ③

• 파란색 식권 3장 : 최대 3명이 식사 가능
• 초록색 식권 2장 : 최대 4명이 식사 가능
따라서 최대 7명이 식사할 수 있다.

07 정답 ②

조사 기간 중 타 지역으로 유출된 비중은 광주가 가장 낮지만, 예산의 규모를 알 수 없으므로 유출된 예산이 가장 적다고 할 수 없다.

오답분석

① 2020년부터 부산의 유출된 예산 비중은 2.02 → 3.08 → 5.53 → 5.72로 계속 상승했다.
③ 2019년 강원의 유출된 예산 비중은 21.9%로 다른 모든 지역의 비중의 합인 18.11%보다 높다.
④ 지역별로 유출된 예산 비중의 총합은 2021년에 76.37%로 가장 높다.
⑤ 조사 기간 중 수도권의 예산 비중은 0 → 23.71 → 0으로 가장 큰 폭으로 변동했다.

08 정답 ①

2012년 70세 이상의 남자는 절반에 못 미치는 48.8%이다.

오답분석

② 표를 통해 쉽게 확인할 수 있다.
③ 2012년과 2022년 모두 50대까지는 남자의 고혈압 증세 비율이 높고, 60대가 넘어서면 여자의 고혈압 증세 비율이 높아지는 것을 알 수 있다.
④ 전체적으로 볼 때, 70대 미만의 경우에는 2012년에 비해 2022년에 고혈압 환자의 비율이 감소했음을 표를 통해 알 수 있다.
⑤ 2012년에는 남자 31.1%, 여자 27.0%, 2022년에는 남자 26.8%, 여자 24.4%로, 고혈압 환자의 비율은 남자가 여자보다 많다.

09 정답 ⑤

심판청구 건수를 보면 실용신안과 디자인은 2020년보다 2021년에 처리건수가 적다.

오답분석

① 표를 통해 쉽게 확인할 수 있다.
② 2020년과 2021년에는 심판처리 건수가 더 많았다.
③ 실용신안의 심판청구 건수와 심판처리 건수가 이에 해당한다.
④ 2018년에는 5.9개월, 2021년에는 10.2개월이므로 증가율은 $\{(10.2-5.9) \div 5.9\} \times 100 = 72.9\%$이다.

10 정답 ②

주어진 표를 토대로 각 마을의 판매량과 구매량을 구해 보면 다음과 같은 데이터를 얻을 수 있다.

(단위 : kW)

구분	판매량	구매량	총거래량
갑 마을	570	610	1,180
을 마을	640	530	1,170
병 마을	510	570	1,080
정 마을	570	580	1,150
합계	2,290	2,290	4,580

따라서 갑 마을이 을 마을에 40kW를 더 판매했다면, 을 마을의 구매량은 530+40=570kW가 되어 병 마을의 구매량과 같게 된다.

오답분석

① 위의 표에서 보듯이 총거래량이 같은 마을은 없다.
③ 위의 표에서 알 수 있듯이 을 마을의 거래 수지만 양의 값을 가짐을 알 수 있다.
④ 위의 표에서 알 수 있듯이 판매량과 구매량이 가장 큰 마을은 각각 을 마을과 갑 마을이다.
⑤ 마을별 거래량 대비 구매량의 비율은 다음과 같으므로 40% 이하인 마을은 없다.
• 갑 마을 : $610 \div 1,180 \times 100 = 51.7\%$
• 을 마을 : $530 \div 1,170 \times 100 = 45.3\%$
• 병 마을 : $570 \div 1,080 \times 100 = 52.8\%$
• 정 마을 : $580 \div 1,150 \times 100 = 50.4\%$

11 정답 ③

2020년부터 2022년까지 경기 수가 증가하는 스포츠는 배구와 축구 2종목이다.

오답분석

① 농구의 2020년 전년 대비 경기 수 증가율은 $\frac{408-400}{400} \times 100 = 2\%$이며, 2023년 전년 대비 경기 수 증가율은 $\frac{404-400}{400} \times 100 = 1\%$이다. 따라서 2020년 전년 대비 경기 수 증가율이 더 높다.

② 2019년 농구와 배구의 경기 수 차이는 $400-220=180$회이고, 야구와 축구의 경기 수 차이는 $470-230=240$회이다. 따라서 농구와 배구의 경기 수 차이는 야구와 축구 경기 수 차이의 $\frac{180}{240}\times100=75\%$이므로 70% 이상이다.

④ · ⑤ 2021년부터 2022년까지의 종목별 평균 경기 수는 다음과 같다.

• 농구 : $\frac{410+400}{2}=405$회

• 야구 : $\frac{478+474}{2}=476$회

• 배구 : $\frac{228+230}{2}=229$회

• 축구 : $\frac{236+240}{2}=238$회

2023년 경기 수가 2021년부터 2022년까지의 종목별 평균 경기 수보다 많은 스포츠는 야구 1종목이며, 야구 평균 경기 수는 축구 평균 경기 수의 $\frac{476}{238}=2$배이다.

12
정답 ③

각 사업 형태의 수익률을 구하면 다음과 같다.

• 개인경영 : $\left(\frac{270}{150}-1\right)\times100=80\%$

• 회사법인 : $\left(\frac{40}{25}-1\right)\times100=60\%$

• 회사 이외의 법인 : $\left(\frac{17}{10}-1\right)\times100=70\%$

• 비법인 단체 : $\left(\frac{3}{2}-1\right)\times100=50\%$

따라서 수익률이 가장 높은 사업 형태는 개인경영이다.

오답분석

① 사업체 수를 보면 다른 사업 형태보다 개인경영 사업체 수가 많은 것을 확인할 수 있다.

② 사업체 1개당 매출액을 구하면 다음과 같다.

• 개인경영 : $\frac{270}{900}=0.3 \to 3$억 원

• 회사법인 : $\frac{40}{50}=0.8 \to 8$억 원

• 회사 이외의 법인 : $\frac{17}{85}=0.2 \to 2$억 원

• 비법인 단체 : $\frac{3}{15}=0.2 \to 2$억 원

따라서 사업체 1개당 매출액이 가장 큰 예식장 사업 형태는 회사법인이다.

④ 개인경영 형태의 예식장 수익률은 80%로 비법인 단체 형태의 예식장 수익률인 50%의 2배인 100% 미만이다.

⑤ 개인경영 형태 사업체 수는 900개로, 개인경영 형태를 제외한 나머지 예식장 사업 형태의 평균 사업체 수 $\frac{50+85+15}{3}=$ 50개의 20배인 1,000개 미만이다.

13
정답 ④

오답분석

① 2021년 이후에 가장 선호하는 언론매체는 TV이다.

② 2021년 전·후로 가장 인기 없는 매체는 신문이다.

③ 2021년 이후 인터넷을 선호하는 구성원 수는 145명이고, 2021년 이전은 100명이라고 하더라도 2021년 이후의 구성원 수가 2021년 이전의 구성원 수를 모두 포함한다고 보기는 어렵다.

⑤ 2021년 이전 TV에서 라디오를 선호하게 된 구성원 수는 15명으로, 인터넷에서 라디오를 선호하게 된 구성원 수인 10명보다 많다.

14
정답 ⑤

ⓒ (부모와 자녀의 직업이 모두 A일 확률) :

$\frac{1}{10}\times\frac{45}{100}=0.1\times\frac{45}{100}$

ⓔ (자녀의 직업이 A일 확률) :

$\frac{1}{10}\times\frac{45}{100}+\frac{4}{10}\times\frac{5}{100}+\frac{5}{10}\times\frac{1}{100}=\frac{7}{100}$

(부모의 직업이 A일 확률) :

$\frac{1}{10}\times\frac{45}{100}+\frac{4}{10}\times\frac{48}{100}+\frac{5}{10}\times\frac{7}{100}=\frac{272}{1,000}$

오답분석

ⓐ (자녀의 직업이 C일 확률) :

$\frac{1}{10}\times\frac{7}{100}+\frac{4}{10}\times\frac{25}{100}+\frac{5}{10}\times\frac{49}{100}=\frac{352}{1,000}$

ⓑ '부모의 직업이 C일 때, 자녀의 직업이 B일 확률'을 '자녀의 직업이 B일 확률'로 나누면 구할 수 있다.

15
정답 ③

주말 평균 공부시간이 3시간 이상 6시간 미만인 학생은 전체의 20%, 6시간 이상 8시간 미만인 학생은 전체의 10%, 8시간 이상인 학생은 전체의 5%이므로 주말 평균 3시간 이상 공부하는 학생은 전체의 20+10+5=35%로 절반 미만이다.

오답분석

① 주말 평균 공부시간이 8시간 이상인 학생의 비율은 전체의 5%로 가장 작다.

② 주말 평균 공부시간이 1시간 미만인 학생의 비율은 전체의 10%이고, 1시간 이상 2시간 미만인 학생은 전체의 30%이므로 주말 평균 공부시간이 2시간 미만인 학생의 비율은 10+30=40%로 절반 미만이다.

④ 주말 평균 공부시간이 1시간 미만인 학생의 비율은 전체의 10%이고, 6시간 이상 8시간 미만인 학생의 비율 또한 전체의 10%이다.

⑤ 주말 평균 공부시간이 2시간 이상 3시간 미만인 학생의 비율은 전체의 25%로, 8시간 이상인 학생의 비율(5%)의 $\frac{25}{5}=5$배이다.

16 정답 ④

전년도에 비해 재료비가 감소한 해는 2014년, 2015년, 2018년, 2021년이다. 4개 연도 중 비용 감소액이 가장 큰 해는 2018년이며, 전년도보다 20,000−17,000=3,000원 감소했다.

17 정답 ④

전년 대비 하락한 항목은 2021년 종합청렴도, 2021년 외부청렴도, 2021년 정책 고객평가, 2022년 내부청렴도, 2023년 내부청렴도, 2023년 정책 고객평가이다. 항목별 하락률을 구하면 다음과 같다.

- 2021년
  - 종합청렴도 : $\dfrac{8.21-8.24}{8.24} \times 100 ≒ -0.4\%$
  - 외부청렴도 : $\dfrac{8.35-8.56}{8.56} \times 100 ≒ -2.5\%$
  - 정책 고객평가 : $\dfrac{6.90-7.00}{7.00} \times 100 ≒ -1.4\%$
- 2022년
  - 내부청렴도 : $\dfrac{8.46-8.67}{8.67} \times 100 ≒ -2.4\%$
- 2023년
  - 내부청렴도 : $\dfrac{8.12-8.46}{8.46} \times 100 ≒ -4.0\%$
  - 정책 고객평가 : $\dfrac{7.78-7.92}{7.92} \times 100 ≒ -1.8\%$

따라서 전년 대비 가장 크게 하락한 항목은 2023년 내부청렴도이다.

오답분석

① • 최근 4년간 내부청렴도 평균 :
$\dfrac{8.29+8.67+8.46+8.12}{4} ≒ 8.4$

• 최근 4년간 외부청렴도 평균 :
$\dfrac{8.56+8.35+8.46+8.64}{4} ≒ 8.5$

따라서 최근 4년간 내부청렴도의 평균이 외부청렴도의 평균보다 낮다.

② 2021 ~ 2023년 외부청렴도와 종합청렴도의 증감 추이는 '감소 – 증가 – 증가'로 같다.

③ · ⑤ 그래프를 통해 알 수 있다.

18 정답 ②

2회 차 토익 점수를 x점, 5회 차 토익 점수를 y점이라 하자.

평균점수가 750점이므로 $\dfrac{620+x+720+840+y+880}{6}=750$

→ $x+y=1,440$ → $x=1,440-y$

x값의 범위가 $620 \le x \le 700$이므로

$620 \le 1,440-y \le 700$ → $-820 \le -y \le -740$

∴ $740 \le y \le 820$

따라서 ⓛ에 들어갈 수 있는 최소 점수는 740점이다.

19 정답 ②

ⓛ 2020년 대비 2021년 대형 자동차 판매량의 감소율은 $\dfrac{150-200}{200}$
$\times 100=-25\%$로 판매량은 전년 대비 30% 미만으로 감소하였다.

ⓒ 2020 ~ 2022년 동안 SUV 자동차의 총판매량은 300+400+200=900천 대이고, 대형 자동차의 총판매량은 200+150+100=450천 대이다.

따라서 2020 ~ 2022년 동안 SUV 자동차의 총판매량은 대형 자동차 총판매량의 $\dfrac{900}{450}=2$배이다.

오답분석

ⓐ 2020 ~ 2022년 동안 판매량이 지속적으로 감소하는 차종은 '대형' 1종류이다.

ⓔ 2021년 대비 2022년에 판매량이 증가한 차종은 '준중형'과 '중형'이다. 두 차종의 증가율을 비교해 보면 준중형은 $\dfrac{180-150}{150}$
$\times 100=20\%$, 중형은 $\dfrac{250-200}{200} \times 100=25\%$로 중형 자동차가 더 높은 증가율을 나타낸다.

20 정답 ③

2040년의 고령화율이 2010년 대비 3배 이상이 되는 나라는 ⓐ 한국(3배), ⓔ브라질(3배), ⓜ인도(4배)이다.

ⓐ 한국 : $\dfrac{33}{11}=3$배

ⓛ 미국 : $\dfrac{26}{13}=2$배

ⓒ 일본 : $\dfrac{36}{18}=2$배

ⓔ 브라질 : $\dfrac{21}{7}=3$배

ⓜ 인도 : $\dfrac{16}{4}=4$배

01	02	03	04	05	06	07	08	09	10	11	12	13	14	15					
④	③	①	③	②	⑤	①	⑤	⑤	③	①	①	②	⑤	②					

01 정답 ④

A : 시계 반대 방향으로 두 칸 이동
B : 시계 방향으로 한 칸 이동
C : 시계 반대 방향으로 한 칸 이동

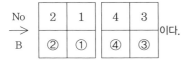

02 정답 ③

A : 시계 반대 방향으로 두 칸 이동
B : 시계 방향으로 한 칸 이동
C : 시계 반대 방향으로 한 칸 이동

03 정답 ①

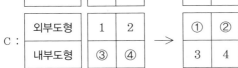

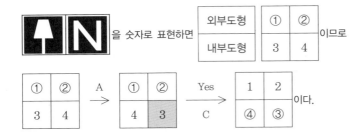

을 숫자로 표현하면

외부도형	①	②
내부도형	3	4

이므로

①	②
3	4

$\xrightarrow{A}$

①	②
4	3

$\xrightarrow[C]{Yes}$

1	2
④	③

이다.

04

정답 ③

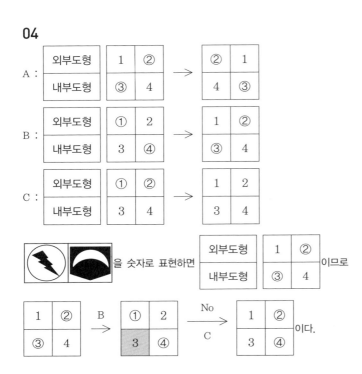

A :

외부도형	1	②
내부도형	③	4

$\rightarrow$

②	1
4	③

B :

외부도형	①	2
내부도형	3	④

$\rightarrow$

1	②
③	4

C :

외부도형	①	②
내부도형	3	4

$\rightarrow$

1	2
3	4

을 숫자로 표현하면

외부도형	1	②
내부도형	③	4

이므로

1	②
③	4

$\xrightarrow{B}$

①	2
3	④

$\xrightarrow[C]{No}$

1	②
3	④

이다.

05

정답 ②

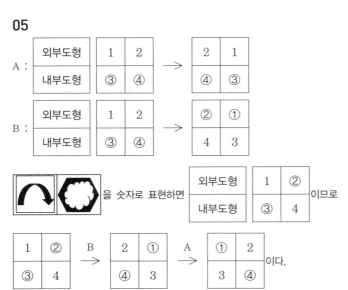

A :

외부도형	1	2
내부도형	③	④

$\rightarrow$

2	1
④	③

B :

외부도형	1	2
내부도형	③	④

$\rightarrow$

②	①
4	3

을 숫자로 표현하면

외부도형	1	②
내부도형	③	4

이므로

1	②
③	4

$\xrightarrow{B}$

2	①
④	3

$\xrightarrow{A}$

①	2
3	④

이다.

06

06　　　　　　　　　　　　　　　　　　　　　　　　　　　　정답 ⑤

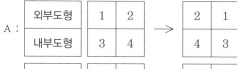

A :

외부도형	1	2
내부도형	3	4

→

2	1
4	3

B :

외부도형	1	②
내부도형	③	4

→

2	①
④	3

을 숫자로 표현하면

외부도형	1	②
내부도형	③	4

이므로

1	②
③	4

B
→

2	①
④	3

A
→

①	2
3	④

이다.

07　　　　　　　　　　　　　　　　　　　　　　　　　　　　정답 ①

A :

외부도형	①	2
내부도형	3	④

→

①	2
4	3

B :

외부도형	1	2
내부도형	③	④

→

①	②
3	4

을 숫자로 표현하면

외부도형	1	②
내부도형	③	4

이므로

1	②
③	4

B
→

①	2
3	④

A
→

①	2
4	3

이다.

08　　　　　　　　　　　　　　　　　　　　　　　　　　　　정답 ⑤

A :

외부도형	1	2
내부도형	③	④

→

2	1
④	③

B :

외부도형	1	②
내부도형	③	4

→

1	②
④	3

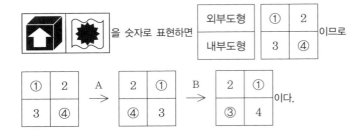

을 숫자로 표현하면

외부도형	①	2
내부도형	3	④

이므로

①	2
3	④

$\xrightarrow{A}$

2	①
④	3

$\xrightarrow{B}$

2	①
③	4

이다.

09

정답 ⑤

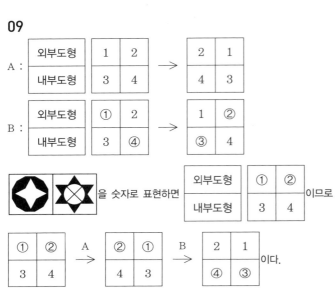

A :

외부도형	1	2
내부도형	3	4

→

2	1
4	3

B :

외부도형	①	2
내부도형	3	④

→

1	②
③	4

을 숫자로 표현하면

외부도형	①	②
내부도형	3	4

이므로

①	②
3	4

$\xrightarrow{A}$

②	①
4	3

$\xrightarrow{B}$

2	1
④	③

이다.

10

정답 ③

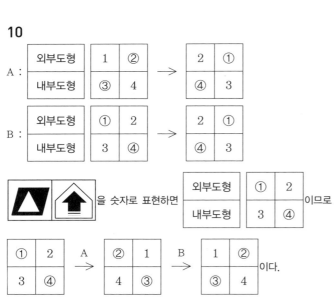

A :

외부도형	1	②
내부도형	③	4

→

2	①
④	3

B :

외부도형	①	2
내부도형	3	④

→

2	①
④	3

을 숫자로 표현하면

외부도형	①	2
내부도형	3	④

이므로

①	2
3	④

$\xrightarrow{A}$

②	1
4	③

$\xrightarrow{B}$

1	②
③	4

이다.

11

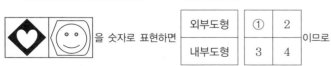

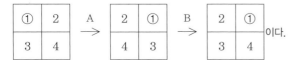

12

정답 ①

A : 반시계 방향으로 도형 및 색상 한 칸 이동
B : 상하 방향으로 도형 이동
C : 색 반전

13

정답 ②

A : 반시계 방향으로 도형 및 색상 한 칸 이동
B : 상하 방향으로 도형 이동
C : 색 반전

14

A : 시계 방향으로 도형 두 칸 이동
B : 좌우 방향으로 도형 및 색상 이동
C : 상하 방향으로 도형 및 색상 이동

 을 숫자로 표현하면

①	2
3	④

이므로

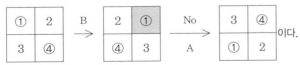

①	2
3	④

$\xrightarrow{B}$

2	①
④	3

$\xrightarrow[A]{No}$

3	④
①	2

이다.

15

A : 시계 방향으로 도형 두 칸 이동
B : 좌우 방향으로 도형 및 색상 이동
C : 상하 방향으로 도형 및 색상 이동

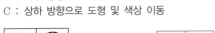 을 숫자로 표현하면

1	②
3	④

이므로

1	②
3	④

$\xrightarrow{A}$

4	③
2	①

$\xrightarrow[C]{Yes}$

2	①
4	③

이다.

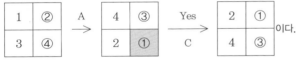

제3회 모의고사 정답 및 해설

제1영역 언어

01	02	03	04	05	06	07	08	09	10
⑤	④	⑤	①	④	③	④	①	④	①
11	12	13	14	15	16	17	18	19	20
②	④	③	③	②	①	④	⑤	①	④

01
정답 ⑤

제시문은 사회 윤리의 중요성과 특징, 향후 발전 방법에 대하여 설명하고 있다. 이때 글의 구조를 파악해 보면, (가)는 대전제, (다)는 소전제, (나)는 결론의 구조를 취하고 있으며, (마)는 (다)에 대한 보충 설명, (라)는 (마)에 대한 보충 설명을 하고 있다. 따라서 (가) 현대 사회에서 대두되는 사회 윤리의 중요성 – (다) 개인의 윤리와 다른 사회 윤리의 특징 – (마) 개인 윤리와 사회 윤리의 차이점 – (라) 개인과 사회의 차이와 특성 – (나) 현대 사회의 특성에 맞는 사회 윤리의 정의의 순서로 나열하는 것이 적절하다.

02
정답 ④

제시문은 인공광의 필요성과 한계점, 부정적 측면에 대해 설명하고 있는 글이다. 따라서 (다) 인공광의 필요성 – (라) 인공광의 단점 – (나) 간과할 수 없는 인공광의 부정적 영향 – (가) 인공광의 부정적 영향을 간과할 수 없는 이유 순서로 나열하는 것이 적절하다.

03
정답 ⑤

제시문은 무협 소설에서 나타나는 '협(俠)'의 정의와 특징에 대하여 설명하고 있다. 따라서 (라) 무협 소설에서 나타나는 협의 개념 – (다) 협으로 인정받기 위한 조건 중 하나인 신의 – (가) 협으로 인정받기 위한 추가적인 조건 – (나) 앞선 사례를 통해 나타나는 협의 원칙과 정의의 순서로 나열하는 것이 적절하다.

04
정답 ①

제시문은 행동주의 학자들이 생각하는 언어 습득 이론과 그 원인을 설명하고, 이를 비판하는 입장인 촘스키의 언어 습득 이론을 설명하는 내용의 글이다. 따라서 (라) 행동주의 학자들의 언어 습득 이론 – (가) 행동주의 학자들이 주장한 언어 습득의 원인 – (다) 행동주의 학자들의 입장에 대한 비판적 관점 – (마) 언어학자 촘스키의 언어 습득 이론 – (나) 촘스키 이론의 의의의 순서로 나열하는 것이 적절하다.

05
정답 ④

두 번째 문단에서 전기자동차 산업이 확충되고 있음을 언급하면서 구리가 전기자동차의 배터리를 만드는 데 핵심 재료임을 언급하고 있기 때문에 ④가 글의 주제로 적절하다.

오답분석
① · ⑤ 제시문에서 언급하고 있는 내용이 아니며 글의 핵심 내용으로 보기도 어렵다.
② 제시문에서 '그린 열풍'을 언급하고 있으나 그 이유는 제시되어 있지 않다.
③ 제시문에서 산업금속 공급난이 우려된다고 하나, 그로 인한 문제는 제시되어 있지 않다.

06
정답 ③

제시문에서는 공동주택의 주거문화에서 중요성이 커지고 있는 이웃과의 관계에 대해 설명하며, 올바른 공동주택 주거문화에 대해 함께 고민하고 이야기해야 한다고 주장한다. 따라서 글의 주제로 가장 적절한 것은 ③이다.

오답분석
① 공동주택 주거문화의 문제점보다는 특성에 관해 이야기하고 있으므로 적절하지 않다.
② 공동주택의 현황보다는 공동주택의 고층화 · 고밀화에 따른 주거문화에 관하여 이야기하고 있으므로 적절하지 않다.
④ 이웃과의 관계 변화보다는 이웃과의 관계에 대한 중요성이 커지고 있음을 이야기하고 있으므로 적절하지 않다.
⑤ 공동주택이 이웃과 함께 살아가는 사회적 공간임을 이야기하고 있으나 그로부터 발생하는 이웃 소외 문제에 관해서는 다루고 있지 않으므로 적절하지 않다.

07
정답 ④

첫 번째 문단에서 '카타르시스'와 니체가 말한 비극의 기능을 제시하며 비극을 즐기는 이유를 설명하고 있다. 따라서 글의 제목으로는 ④가 가장 적절하다.

08
정답 ①

제시문은 치매의 정의, 증상, 특성 등을 말하고 있으므로 '치매의 의미'가 글의 제목으로 적절하다.

09
정답 ④

모듈러 로봇은 외부 자극에 대한 반응이 제대로 작동되지 않는 부분을 다른 모듈로 교체하거나 제거하는 작업을 스스로 진행하여 치유할 수 있는 것이 특징이다.

10
정답 ①

제시문에 따르면 1900년 하와이 원주민의 수는 4만 명이었으며, 현재 하와이어 모국어를 구사할 수 있는 원주민의 수는 1,000명 정도이다. 그러나 하와이 원주민의 수가 1,000명인 것은 아니므로 ①은 적절하지 않다.

11
정답 ②

마지막 문단에 따르면 우리 춤은 정지 상태에서 몰입을 통해 상상의 선을 만들어 내는 과정을 포함한다. 따라서 처음부터 끝까지 쉬지 않고 곡선을 만들어낸다는 설명은 적절하지 않다.

오답분석
① 첫 번째 문단에서 '우리 춤은 옷으로 몸을 가린 채 손만 드러내 놓고 추는 경우가 많기 때문이다.'를 통해 알 수 있다.
③ 두 번째 문단에서 '예컨대 승무에서 ~ 완성해 낸다.'를 통해 알 수 있다.
④ 세 번째 문단에서 '그러나 이때의 ~ 이해해야 한다.'를 통해 알 수 있다.
⑤ 마지막 문단에서 '이런 동작의 ~ 몰입 현상이다.'를 통해 알 수 있다.

12
정답 ④

제시문에서 천연 아드레날린과 합성 아드레날린의 차이 여부는 언급하지 않았으며 현재는 모두 합성 제품이 사용되고 있다고 언급하고 있다.

13
정답 ③

마지막 문단에서 '선비들은 어려서부터 머리가 희어질 때까지 오직 글쓰기나 서예 등만 익혔을 뿐이므로 갑자기 지방 관리가 되면 당황하여 어찌할 바를 모른다.'고 하여 형벌에 대한 사대부들의 무지를 비판하고 있음을 알 수 있다.

14
정답 ③

'한국에서는 한 명의 변사가 영화를 설명하는 방식을 취하였으며, 영화가 점점 장편화되면서부터는 2명 내지 4명이 번갈아 무대에 등장하는 방식으로 바뀌었다.'라는 부분을 통해 ③과 내용이 일치함을 알 수 있다.

오답분석
① 한국과 일본은 모두 변사의 존재가 두드러졌다.
② 한국에서 변사가 본격적으로 등장한 것은 극장가가 형성된 1910년부터이다.
④ 자막과 반주 음악이 등장하면서 오히려 변사들의 역할이 미미해져 그 수가 줄어들었다.
⑤ 한국 최초의 변사는 우정식으로, 단성사를 운영하던 박승필이 내세운 인물이었다.

15
정답 ②

첫 번째 문단의 '제로섬(Zero-sum)적인 요소를 지니는 경제 문제'와 마지막 문단의 '우리 자신의 수입을 보호하기 위해 경제적 변화가 일어나는 것을 막거나 혹은 사회가 우리에게 손해를 입히는 공공정책이 강제로 시행되는 것을 막기 위해 싸울 것'이 핵심 논점이다. 따라서 제시문은 사회경제적인 총합이 많아지는 정책, 즉 '사회의 총생산량이 많아지게 하는 정책이 좋은 정책'이라는 주장에 대한 비판이라고 할 수 있다.

16
정답 ①

기술이 내적인 발전 경로를 가지고 있다는 통념을 비판하기 위해 다양한 사례 연구를 논거로 인용하고 있다. 따라서 인용하고 있는 연구 결과를 반박할 수 있는 자료가 있다면 글쓴이의 주장은 설득력을 잃게 된다.

17
정답 ④

대중문화가 대중을 사회 문제로부터 도피하게 하거나 사회 질서에 순응하게 하는 역기능을 수행하여 혁명을 불가능하게 만든다는 내용이다. 따라서 이 주장에 대한 반박은 대중문화가 순기능을 한다는 태도여야 한다. 그런데 ④는 현대 대중문화의 질적 수준에 대한 평가에 관한 내용이므로 연관성이 없다.

18
정답 ⑤

제시문의 마지막 문단에서 드론의 악용 가능성에 대해 언급하고 있으므로 뒤에 이를 방지하기 위한 법 제정의 필요성에 대한 이야기가 이어져야 한다.

19 정답 ①

미를 도덕이나 목적론과 연관시킨 톨스토이나 마르크스와 달리 칸트는 미에 대한 자율적 견해를 지녔다. 즉, 미적 가치를 도덕 등 다른 가치들과 관계없는 독자적인 것으로 본 것이다. 따라서 문학 작품을 감상할 때 다른 외부적 요소들은 고려하지 않고 작품 자체에만 주목하여 감상해야 한다는 절대주의적 관점이 이러한 칸트의 견해와 유사함을 추론할 수 있다.

20 정답 ④

제시문은 사람을 삶의 방식에 따라 거미와 같은 사람, 개미와 같은 사람, 꿀벌과 같은 사람의 세 종류로 나누어 설명하고 있다. 거미와 같은 사람은 노력하지 않으면서도 남의 실수를 바라는 사람이며, 개미와 같은 사람은 자신의 일은 열심히 하지만 주변을 돌보지 못하는 사람이다. 이와 반대로 꿀벌과 같은 사람은 자신의 일을 열심히 하면서, 남도 돕는 이타적 존재이다. 이를 통해 글쓴이는 가장 이상적인 인간형은 거미나 개미와 같은 사람이 아닌 꿀벌과 같은 이타적인 존재라고 이야기한다. 따라서 글쓴이가 말하고자 하는 바로 가장 적절한 것은 ④이다.

제**2**영역 언어 · 수추리

01	02	03	04	05	06	07	08	09	10
④	③	①	⑤	④	①	①	④	⑤	④
11	12	13	14	15	16	17	18	19	20
②	④	③	①	③	③	④	④	④	②

01 정답 ④

B와 C의 말이 모순되므로 B와 C 중 1명은 반드시 진실을 말하고 다른 1명은 거짓을 말한다.
ⅰ) B가 거짓, C가 진실을 말하는 경우
   B가 거짓을 말한다면 E의 말 역시 거짓이 되어 롤러코스터를 타지 않은 사람은 E가 된다. 그러나 A는 E와 함께 롤러코스터를 탔다고 했으므로 A의 말 또한 거짓이 된다. 이때, 조건에서 5명 중 2명만 거짓을 말한다고 했으므로 이는 성립하지 않는다.
ⅱ) C가 거짓, B가 진실을 말하는 경우
   B가 진실을 말한다면 롤러코스터를 타지 않은 사람은 D가 되며, E의 말은 진실이 된다. 이때, D는 B가 회전목마를 탔다고 했으므로 D가 거짓을 말하는 것을 알 수 있다.
따라서 거짓을 말하는 사람은 C와 D이며, 롤러코스터를 타지 않은 사람은 D이다.

02 정답 ③

연경, 효진, 다솜, 지민, 지현의 증언을 차례대로 검토하면서 모순 여부를 찾아내면 쉽게 문제를 해결할 수 있다.
ⅰ) 먼저 연경이의 증언이 참이라면, 효진이의 증언도 참이다. 그런데 효진이의 증언이 참이라면 지현이의 증언은 거짓이 된다.
ⅱ) 지현이의 증언이 거짓이라면, '나와 연경이는 꽃을 꽂아두지 않았다.'는 말 역시 거짓이 되어 연경이와 지현이 중 적어도 한 명은 꽃을 꽂아두었다고 봐야 한다. 그런데 효진이의 증언은 지민이를 지적하고 있으므로 역시 모순이다. 결국 연경이와 효진이의 증언은 거짓이다.
따라서 다솜, 지민, 지현이의 증언이 참이 되며, 이들이 언급하지 않은 다솜이가 꽃을 꽂아두었다.

03 정답 ①

D의 진술에 대한 A와 C의 진술이 상반되므로 둘 중 1명이 거짓을 말하고 있음을 알 수 있다.
ⅰ) C의 진술이 거짓인 경우
   C와 D 2명의 진술이 거짓이 되므로 성립하지 않는다.
ⅱ) A의 진술이 거짓인 경우
   B, C, D, E의 진술이 모두 참이 되며, 사탕을 먹은 사람은 A이다.
따라서 거짓을 말하는 사람은 A이다.

제3회 정답 및 해설 **33**

04

정의 진술에 따라 을과 정의 진술은 동시에 참이 되거나 거짓이 된다.

ⅰ) 을과 정의 진술이 모두 거짓인 경우
  을은 병과 함께 PC방에 있었다는 갑의 진술과 자신은 집에 있었다는 병의 진술이 서로 모순되므로 성립하지 않는다.

ⅱ) 을과 정의 진술이 모두 참인 경우
  을의 진술이 참이므로 그날 밤 갑, 을, 병이 함께 있었으며, 정의 진술이 참이므로 정은 금은방에 있지 않았다.
  따라서 상황을 정리하면 '갑, 을, 병이 함께 있었고, 정은 금은방 아닌 곳에 있었다.'를 유추할 수 있다.
  그리고 5명 중 2명은 거짓말을 하고 있으므로 갑, 병, 무 3명 중 1명만 진실을 말한 것이 된다.
  • 갑의 진술이 참인 경우
    을과 병은 PC방에 있었다는 것이 진실이고, 을의 진술에 따라 갑, 을, 병은 함께 PC방에 있었다. 병이 거짓말을 하고 있으므로 그날 혼자 집에 있지 않았다. 무도 거짓말을 하고 있으므로 무는 갑과 함께 있지 않고, 금은방에 있었다. 따라서 병은 그날 혼자 집에 있지 않았다고 했지 금은방에 있었는지 다른 이와 있었는지 알 수 없으므로, 금은방에 있었던 무가 범인이다.
  • 병이나 무의 진술이 참인 경우
    갑의 말이 거짓이므로 을과 병은 함께 있지 않았어야 하지만, 갑, 을, 병이 함께 있었다는 을의 진술과 상반되므로 모순이다.

05

갑과 병은 둘 다 참을 말하거나 거짓을 말하고, 을과 무의 진술이 모순이므로 둘 중 1명은 무조건 거짓말을 하고 있다. 만약 갑과 병이 거짓을 말하고 있다면 을과 무의 진술로 인해 거짓말을 하는 사람이 최소 3명이 되므로 조건에 맞지 않는다. 따라서 갑과 병은 모두 진실을 말하고 있으며, 정은 갑의 진술과 어긋나므로 거짓을 말하고 있다.

거짓을 말하고 있는 나머지 1명은 을 또는 무인데, 을이 거짓을 말하는 경우 무의 진술에 의해 갑·을·무는 함께 무의 집에 있었던 것이 되므로 정이 범인이고, 무가 거짓말을 하는 경우에도 갑·을·무는 함께 출장을 가 있었던 것이 되므로 역시 정이 범인이 된다.

06

보기별로 확인해보면 다음과 같다.

ⅰ) ㉠의 경우
  B, C의 진술이 모두 참이거나 거짓일 때 영업팀과 홍보팀이 같은 층에서 회의를 할 수 있다. 그러나 B, C의 진술은 동시에 참이 될 수 없으므로, A·B·C 진술 모두 거짓이 되어야 한다. 따라서 기획팀은 5층, 영업팀과 홍보팀은 3층에서 회의를 진행하고, E는 5층에서 회의를 하는 기획팀에 속하게 되므로 ㉠은 항상 참이 된다.

ⅱ) ㉡의 경우
  기획팀이 3층에서 회의를 한다면 A의 진술은 항상 참이 되어야 한다. 이때 B와 C의 진술은 동시에 거짓이 될 수 없으므로, 둘 중 하나는 반드시 참이어야 한다. 또한 2명만 진실을 말하므로 D와 E의 진술은 거짓이 된다. 따라서 D와 E는 같은 팀이 될 수 없으므로 ㉡은 참이 될 수 없다.

ⅲ) ㉢의 경우
  1) 두 팀이 5층에서 회의를 하는 경우 : (A·B 거짓, C 참), (A·C 거짓, B 참)
  2) 두 팀이 3층에서 회의를 하는 경우 : (A·B 참, C 거짓), (A·C 참, B 거짓), (A·B·C 거짓)
  따라서 두 팀이 5층보다 3층에서 회의를 하는 경우가 더 많으므로 ㉢은 참이 될 수 없다.

07

B는 피자 두 조각을 먹은 A보다 적게 먹었으므로 피자 한 조각을 먹었다. 또한 4명 중 B가 가장 적게 먹었으므로 D는 반드시 두 조각 이상 먹어야 한다. 따라서 A는 두 조각, B는 한 조각, C는 세 조각, D는 두 조각의 피자를 먹었고, 남은 피자 조각은 없다.

08

오답분석
① 1번째 명제와 2번째 명제로 알 수 있다.
② 3번째 명제의 대우와 1번째 명제를 통해 추론할 수 있다.
③ 1번째 명제와 4번째 명제로 추론할 수 있다.
⑤ 2번째 명제의 대우와 1번째 명제의 대우, 3번째 명제로 추론할 수 있다.

09

제시된 내용에 따라 앞서 달리고 있는 순서대로 나열하면 'A - D - C - E - B'가 된다. 따라서 이 순위대로 결승점까지 달린다면 C는 3등을 할 것이다.

10

제시된 명제들을 통해서 적극적인 사람은 활동량이 많으며 활동량이 많을수록 잘 다치고 면역력이 강화된다는 것을 알 수 있다. 활동량이 많지 않은 사람은 적극적이지 않은 사람이며, 적극적이지 않은 사람은 영양제를 챙겨 먹는다는 것을 알 수 있다. 즉, 영양제를 챙겨 먹으면 면역력이 강화되는지는 알 수 없다.

오답분석
① 1번째 명제, 2번째 명제 대우를 통해 추론할 수 있다.
② 1번째 명제, 3번째 명제를 통해 추론할 수 있다.
③ 2번째 명제, 1번째 명제 대우, 4번째 명제를 통해 추론할 수 있다.
⑤ 1번째 명제 대우, 2번째 명제를 통해 추론할 수 있다.

11

정답 ②

홀수 항은 -1, -11, -111, $\cdots$이고, 짝수 항은 $+1^2$, $+2^2$, $+3^2$, $\cdots$인 수열이다.

따라서 ( )$=12+3^2=21$이다.

12

정답 ④

홀수 항은 $\times 3+3$이고, 짝수 항은 -2를 하는 수열이다.

따라서 ( )$=102\times 3+3=309$이다.

13

정답 ③

앞의 두 항을 더하면 다음 항이 되는 수열이다.

따라서 ( )$=16+26=42$이다.

14

정답 ①

$\times 1$, $\times 2$, $\times 3$, $\cdots$을 하는 수열이다.

따라서 ( )$=96\times 5=480$이다.

15

정답 ③

홀수 항은 10을 더한 후 2로 나누는 수열, 짝수 항은 -10씩 곱하는 수열이다.

따라서 ( )$=\left(\dfrac{7}{4}+10\right)\div 2=\dfrac{47}{8}$이다.

16

정답 ③

홀수 항은 $+1$, $+2$, $+3$, $\cdots$이고, 짝수 항은 $\times 5$, $\times 10$, $\times 15$, $\cdots$인 수열이다.

따라서 ( )$=12.5\div 5=2.5$이다.

17

정답 ④

$+0.2$, $+0.25$, $+0.3$, $+0.35$, $\cdots$를 하는 수열이다.

따라서 ( )$=1.8+0.4=2.2$이다.

18

정답 ④

$+1.6$, -2.4, $+3.2$, -4, $+4.8$, $\cdots$를 하는 수열이다.

따라서 ( )$=-3.6+4.8=1.2$이다.

19

정답 ④

$\underline{A\ B\ C}\ \rightarrow\ A^2+B^2=C$

따라서 ( )$=\sqrt{74-5^2}=\sqrt{49}=7$이다.

20

정답 ②

$\underline{A\ B\ C}\ \rightarrow\ 2B-A=C$

따라서 ( )$=2\times 15-4=26$이다.

01	02	03	04	05	06	07	08	09	10
①	④	④	③	⑤	③	④	①	⑤	⑤
11	12	13	14	15	16	17	18	19	20
④	③	④	②	④	③	②	②	⑤	⑤

01

정답 ①

올라갈 때의 거리를 $x$km, 내려갈 때의 거리는 $(x+3)$km라고 하자.

$\dfrac{x}{4} + \dfrac{x+3}{5} = 5$

$\rightarrow 5x + 4(x+3) = 100$

$\rightarrow 9x = 88$

$\therefore x = \dfrac{88}{9}$

따라서 지영이가 등산한 총거리는 $2x + 3 = \dfrac{176}{9} + 3 ≒ 22.6$km 이다.

02

정답 ④

오염물질의 양은 $\dfrac{14}{100} \times 50 = 7$g이므로 깨끗한 물을 xg 더 넣어 오염농도를 10%로 만든다면 다음과 같은 식이 성립한다.

$\dfrac{7}{50+x} \times 100 = 10$

$\rightarrow 700 = 10 \times (50 + x)$

$\therefore x = 20$

따라서 깨끗한 물은 20g 넣어야 한다.

03

정답 ④

가족 평균 나이는 $132 \div 4 = 33$세이므로 어머니의 나이는 $33 + 10 = 43$세이다.

나, 동생, 아버지의 나이를 각각 x세, y세, z세라고 하자.

$x + y = 41 \cdots \unicode{0x24B6}$

$z = 2y + 10 \cdots \unicode{0x24B7}$

$z = 2x + 4 \cdots \unicode{0x24B8}$

$\unicode{0x24B7}$, $\unicode{0x24B8}$을 연립하여 정리하면 다음과 같다.

$x - y = 3 \cdots \unicode{0x24B9}$

$\unicode{0x24B6}$, $\unicode{0x24B9}$을 연립하여 정리하면 다음과 같다.

$\therefore x = 22, \ y = 19$

따라서 동생의 나이는 19세이다.

04

정답 ③

500m의 거리에 가로등과 벤치를 각각 50m, 100m 간격으로 설치하므로, 총거리를 간격으로 나누면 각각 10개, 5개이다. 단, 시작 지점은 포함되지 않았으므로 1개씩을 더해주면 가로등은 11개, 벤치는 6개가 되어 총 17개이다.

05

정답 ⑤

10인 단체 티켓 가격은 $10 \times 16,000 \times 0.75 = 120,000$원이다. 놀이공원에 방문하는 부서원의 수를 x명이라고 할 때 부서원이 10인 이상이라면 10인 단체 티켓 1장과 개인 티켓을 구매하는 방법이 있고, 10인 단체 티켓 2장을 구매하는 방법이 있다.

이때 단체 티켓 2장을 구매하는 것이 더 유리하기 위해서는 다음의 조건을 만족해야 한다.

$16,000 \times (x - 10) > 120,000 \rightarrow x > 17.5$

따라서 부서원이 18명 이상일 때, 10인 단체 티켓 2장을 구매하는 것이 더 유리하다.

06

정답 ③

• 부장과 과장이 같은 팀으로 배정될 확률

남은 4명 중 팀원으로 남자 대리와 같은 팀일 확률은 $\dfrac{1}{4}$이므로 부장, 과장, 남자 대리가 같은 팀일 확률은 $0.3 \times 0.25 = 0.075$ 이다.

• 부장과 과장이 서로 다른 팀으로 배정될 확률

과장을 제외한 남은 4명 중 2명을 배정하는 경우의 수는 $_4C_2 = 6$ 가지이고, 그중에서 남자 대리를 배정하는 경우의 수는 $_3C_1 = 3$ 가지이므로, 부장, 과장이 서로 다른 팀일 때 부장과 남자 대리가 같은 팀일 확률은 $0.7 \times \dfrac{3}{6} = 0.35$이다.

따라서 구하고자 하는 확률은 $0.075 + 0.35 = 0.425$이다.

07

정답 ④

2019년과 2021년의 전체 풍수해 규모에서 대설로 인한 풍수해 규모가 차지하는 비중을 구하면 다음과 같다.

• 2019년 : $\dfrac{477}{7,950} \times 100 = 6\%$

• 2021년 : $\dfrac{119}{1,700} \times 100 = 7\%$

따라서 전체 풍수해 규모에서 대설로 인한 풍수해 규모가 차지하는 비중은 2021년이 2019년보다 크다.

오답분석

① 2015년의 전년 대비 태풍으로 인한 풍수해와 전체 풍수해 규모의 증감 추이만 비교해도 바로 알 수 있다. 태풍으로 인한 풍수해 규모는 증가한 반면, 전체 풍수해 규모는 감소했으므로 옳지 않은 설명이다.

② 2015년, 2017년, 2018년에 풍수해 규모는 강풍이 가장 작았으므로 옳지 않은 설명이다.

③ 2023년 호우로 인한 풍수해 규모의 전년 대비 감소율은
$\dfrac{1,400-14}{1,400}\times100=99\%$로 97% 이상이다.

⑤ 2014 ~ 2023년 동안 연도별로 발생한 전체 풍수해 규모에서 태풍으로 인한 풍수해 규모가 가장 큰 해는 2015년과 2020년이므로 옳지 않은 설명이다.

08

정답 ①

- 네 번째 조건을 이용하기 위해 6개 수종의 인장강도와 압축강도의 차를 구하면 다음과 같다.
  - A : $52-50=2\text{N/mm}^2$
  - B : $125-60=65\text{N/mm}^2$
  - C : $69-63=6\text{N/mm}^2$
  - 삼나무 : $45-42=3\text{N/mm}^2$
  - D : $27-24=3\text{N/mm}^2$
  - E : $59-49=10\text{N/mm}^2$

  즉, 인장강도와 압축강도의 차가 두 번째로 큰 수종이 E이므로 E는 전나무이다.
- 첫 번째 조건을 이용하기 위해 6개 수종의 전단강도 대비 압축강도 비를 구하면 다음과 같다.
  - A : $\dfrac{50}{10}=5$
  - B : $\dfrac{60}{12}=5$
  - C : $\dfrac{63}{9}=7$
  - 삼나무 : $\dfrac{42}{7}=6$
  - D : $\dfrac{24}{6}=4$
  - E : $\dfrac{49}{7}=7$

  즉, 전단강도 대비 압축강도 비가 큰 상위 2개 수종은 C와 E이다. E가 전나무이므로 C는 낙엽송이다.
- 두 번째 조건을 이용하기 위해 6개 수종의 휨강도와 압축강도의 차를 구하면 다음과 같다.
  - A : $88-50=38\text{N/mm}^2$
  - B : $118-60=58\text{N/mm}^2$
  - C : $82-63=19\text{N/mm}^2$
  - 삼나무 : $72-42=30\text{N/mm}^2$
  - D : $39-24=15\text{N/mm}^2$
  - E : $80-49=31\text{N/mm}^2$

  즉, 휨강도와 압축강도의 차가 큰 상위 2개 수종은 A와 B이므로 소나무와 참나무는 각각 A와 B 중 하나이다. 따라서 D는 오동나무이다.
- 오동나무 기건비중의 2배는 $0.31\times2=0.62$이다. 세 번째 조건에 의하여 참나무의 기건비중은 오동나무 기건비중의 2배 이상이므로 B는 참나무이고, A는 소나무이다.

따라서 A는 소나무, C는 낙엽송이다.

09

정답 ⑤

2017 ~ 2021년 동안 매년 생산량은 두류가 잡곡보다 많음을 알 수 있다.

오답분석

① 잡곡의 생산량이 가장 적은 해는 2018년이고, 재배면적이 가장 적은 해는 2021년이다.
② 2021년의 경우 잡곡의 재배면적은 208ha이며, 서류 재배면적의 2배인 $138\times2=276$ha보다 작다.
③ 두류의 생산량이 가장 많은 해는 2017년이고, 같은 해에 재배면적이 가장 큰 곡물은 미곡이다.
④ 2019 ~ 2021년 동안 미곡의 전년 대비 생산량 증감 추이는 '감소 - 증가 - 증가'이고, 두류의 경우 계속 증가했다.

10

정답 ⑤

㉠ 2024년 2월에 가장 많이 낮아졌다.
㉡ 제시된 수치는 전년 동월, 즉 2023년 6월보다 325건 높아졌다는 뜻이므로, 실제 심사 건수는 알 수 없다.
㉢ 마찬가지로, 2023년 5월에 비해 3.3% 증가했다는 뜻이므로, 실제 등록률은 알 수 없다.

오답분석

㉣ 전년 동월 대비 125건이 증가했으므로, $100+125=225$건이다.

11

정답 ④

2013년 대비 2023년 신장 증가량은 A가 22cm, B가 21cm, C가 28cm로 C가 가장 많이 증가하였다.

오답분석

① B의 2023년 체중은 2018년에 비해 감소하였다.
② 2023년의 신장 순위는 C, B, A 순서이지만, 체중 순위는 C, A, B로 동일하지 않다.
③ 2023년에 세 사람 중 가장 키가 큰 사람은 C이다.
⑤ 2013년 대비 2018년 체중 증가는 A, B, C 모두 6kg으로 같다.

12

정답 ③

- 전년 대비 2019년 감소율 : $\dfrac{23-24}{24}\times100 \fallingdotseq -4.17\%$
- 전년 대비 2020년 감소율 : $\dfrac{22-23}{23}\times100 \fallingdotseq -4.35\%$

따라서 2020년이 2019년보다 더 큰 비율로 감소하였다.

오답분석

① 2021년 총지출을 a억 원이라고 가정하면, $a\times0.06=21$억 원
→ $a=\dfrac{21}{0.06}=350$, 총지출은 350억 원이므로 320억 원 이상이다.

② 2018년 경제 분야 투자 규모의 전년 대비 증가율은 $\frac{24-20}{20}$ $\times100=20\%$이다.

④ 2017 ~ 2021년 동안 경제 분야에 투자한 금액은 20+24+23 +22+21=110억 원이다.

⑤ 2018 ~ 2021년 동안 경제 분야 투자 규모의 전년 대비 증감 추이는 '증가 – 감소 – 감소 – 감소'이고, 총지출 대비 경제 분야 투자규모 비중의 경우 '증가 – 증가 – 감소 – 감소'이다.

13
정답 ④

미혼모 가구 수는 2019년까지 감소하다가 2020년부터 증가하였고, 미혼부 가구 수는 2018년까지 감소하다가 2019년부터 증가하였으므로 증감 추이가 바뀌는 연도는 동일하지 않다.

오답분석

① 한부모 가구 중 모자 가구 수의 전년 대비 증가율은 다음과 같다.
  - 2018년 : 2,000÷1,600=1.25배
  - 2019년 : 2,500÷2,000=1.25배
  - 2020년 : 3,600÷2,500=1.44배
  - 2021년 : 4,500÷3,600=1.25배
  따라서 2020년을 제외하고 1.25배씩 증가하였다.
② 한부모 가구 중 모자 가구 수의 20%를 구하면 다음과 같다.
  - 2017년 : 1,600×0.2=320가구
  - 2018년 : 2,000×0.2=400가구
  - 2019년 : 2,500×0.2=500가구
  - 2020년 : 3,600×0.2=720가구
  - 2021년 : 4,500×0.2=900가구
  따라서 부자 가구가 20%를 초과한 해는 2020년(810가구), 2021년(990가구)이다.
③ 2020년 미혼모 가구 수는 모자 가구 수의 $\frac{72}{3,600}\times100=2\%$ 이다.
⑤ 2018년 부자 가구 수는 미혼부 가구 수의 340÷17=20배이다.

14
정답 ②

미술과 수학을 신청한 학생의 비율 차이는 16−14=2%p이고, 방과 후 학교를 신청한 전체 학생은 200명이다. 따라서 수학을 선택한 학생 수는 미술을 선택한 학생 수보다 200×0.02=4명 더 적다.

15
정답 ④

독일과 일본의 국방예산 차액은 461−411=50억 원이고, 영국과 일본의 차액은 487−461=26억 원이다. 따라서 영국과 일본의 차액은 독일과 일본의 차액의 $\frac{26}{50}\times100=52\%$를 차지한다.

오답분석

① 국방예산이 가장 많은 국가는 러시아(692억 원)이며, 가장 적은 국가는 한국(368억 원)으로 두 국가의 예산 차액은 692− 368=324억 원이다.

② 사우디아라비아의 국방예산은 프랑스의 국방예산보다 $\frac{637-557}{557}\times100≒14.4\%$ 많다.

③ 인도보다 국방예산이 적은 국가는 영국, 일본, 독일, 한국, 프랑스이다.

⑤ 8개 국가 국방예산 총액은 692+637+487+461+411+ 368+559+557=4,172억 원이며, 한국이 차지하는 비중은 $\frac{368}{4,172}\times100≒8.8\%$이다.

16
정답 ③

작년 전체 실적은 45+50+48+42=185억 원이며, 1 ~ 2분기와 3 ~ 4분기의 실적들의 비중을 각각 구하면 다음과 같다.

- 1 ~ 2분기 비중 : $\frac{45+50}{185}\times100≒51.4\%$

- 3 ~ 4분기 비중 : $\frac{48+42}{185}\times100≒48.6\%$

따라서 바르게 짝지어진 것은 ③이다.

17
정답 ②

원 중심에서 멀어질수록 점수가 높아지는데, B국의 경우 수비보다 미드필드가 원 중심에서 먼 곳에 표시가 되어 있으므로 B국은 수비보다 미드필드에서의 능력이 뛰어남을 알 수 있다.

18
정답 ②

2023년 쌀 소비량이 세 번째로 높은 업종은 탁주 및 약주 제조업이다. 탁주 및 약주 제조업의 2022년 대비 2023년 쌀 소비량 증감률 $\frac{51,592-46,403}{46,403}\times100≒11\%$이다.

19
정답 ⑤

2023년 서울특별시의 1인 가구 수는 전국의 1인 가구 수의 $\frac{133}{532}\times100=25\%$로, 20% 이상이다.

오답분석

① 1인 가구 수는 전국적으로 2021년 513만 가구, 2022년 528만 가구, 2023년 532만 가구로 해마다 증가하고 있다.
② 부산광역시 1인 가구 수는 2021년에 대전광역시 1인 가구 수의 $\frac{32}{16}=2$배, 2023년 대전광역시 1인 가구 수의 $\frac{38}{19}=2$배이다.
③ 2023년 서울특별시 전체 가구 수 중에서 1인 가구 수가 차지하는 비중은 $\frac{133}{380}\times100=35\%$로, 30% 이상이다.
④ 연도별로 대전광역시와 울산광역시의 1인 가구 수의 합을 구하면 다음과 같다.
  - 2021년 : 16+10=26만 가구

- 2022년 : 18+10=28만 가구
- 2023년 : 19+11=30만 가구

따라서 인천광역시의 1인 가구 수보다 항상 많다.

20 정답 ⑤

건강보험 지출 중 보험급여비가 차지하는 비중은 2018년에 $\frac{37.2}{40.0} \times 100 = 93\%$, 2019년에 $\frac{37.8}{42.0} \times 100 = 90\%$로 모두 95% 미만이다.

오답분석

① 2016년 대비 2023년 건강보험 수입의 증가율은 $\frac{56-32}{32} \times 100 = 75\%$이고, 건강보험 지출의 증가율은 $\frac{56-35}{35} \times 100 = 60\%$이다. 따라서 차이는 $75-60=15\%p$이다.

② 건강보험 수지율이 전년 대비 감소하는 2017년, 2018년, 2019년, 2020년 모두 정부지원 수입이 전년 대비 증가하였다.

③ 2021년 보험료 등이 건강보험 수입에서 차지하는 비율은 $\frac{44}{55} \times 100 = 80\%$이다.

④ 건강보험 수입과 지출은 매년 전년 대비 증가하고 있으므로 전년 대비 증감 추이는 2017년부터 2023년까지 같다.

01	02	03	04	05	06	07	08	09	10	11	12	13	14	15					
④	②	④	②	③	④	④	①	⑤	④	⑤	②	②	③	⑤					

01

정답 ④

A : 왼쪽 내부도형과 오른쪽 외부도형 위치 변경
B : 오른쪽 외부도형과 오른쪽 내부도형 위치 변경
C : 시계 방향으로 한 칸 이동

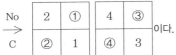

외부도형	① ②	③ ④
내부도형	1 2	3 4

→B→

① 2	③ 4
1 ②	3 ④

Yes →A→

① 1	③ 3
2 ②	4 ④

No →C→

2 ①	4 ③
② 1	④ 3

이다.

02

정답 ②

A : 왼쪽 내부도형과 오른쪽 외부도형 위치 변경
B : 오른쪽 외부도형과 오른쪽 내부도형 위치 변경
C : 시계 방향으로 한 칸 이동

외부도형	① ②	③ ④
내부도형	1 2	3 4

→C→

1 ①	3 ③
2 ②	4 ④

→A→

1 2	3 4
① ②	③ ④

No →A→

1 ①	3 ③
2 ②	4 ④

이다.

03

정답 ④

A :

외부도형	1 ②
내부도형	③ 4

→

① 2
3 ④

B :

외부도형	1 2
내부도형	③ ④

→

2 1
④ ③

C :

외부도형	① ②
내부도형	3 4

→

① ②
4 3

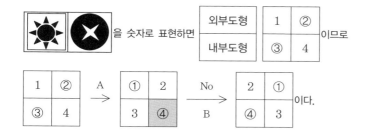

을 숫자로 표현하면

외부도형	1	②
내부도형	③	4

이므로

1	②
③	4

$\xrightarrow{A}$

①	2
3	④

$\xrightarrow[B]{No}$

2	①
④	3

이다.

04

정답 ②

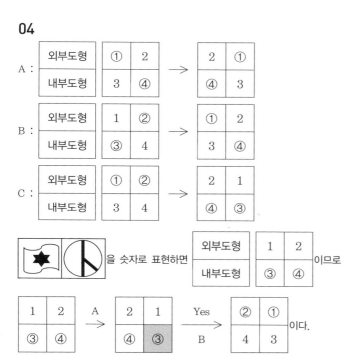

A :

외부도형	①	2
내부도형	3	④

→

2	①
④	3

B :

외부도형	1	②
내부도형	③	4

→

①	2
3	④

C :

외부도형	①	②
내부도형	3	4

→

2	1
④	③

을 숫자로 표현하면

외부도형	1	2
내부도형	③	④

이므로

1	2
③	④

$\xrightarrow{A}$

2	1
④	③

$\xrightarrow[B]{Yes}$

②	①
4	3

이다.

05

정답 ③

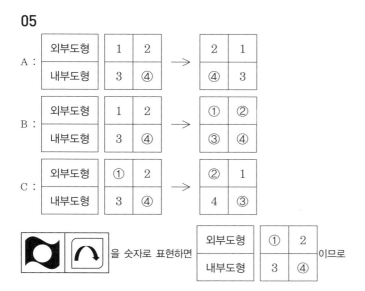

A :

외부도형	1	2
내부도형	3	④

→

2	1
④	3

B :

외부도형	1	2
내부도형	3	④

→

①	②
③	④

C :

외부도형	①	2
내부도형	3	④

→

②	1
4	③

을 숫자로 표현하면

외부도형	①	2
내부도형	3	④

이므로

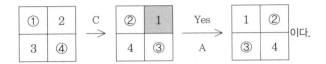

이다.

06

정답 ④

	1	2
	③	④

을 숫자로 표현하면

외부도형	1	2
내부도형	③	④

이므로

1	2
③	④

B →

1	2
3	4

A →

1	2
4	3

이다.

07

정답 ④

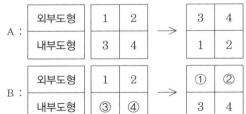

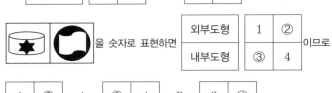

	1	②
	③	4

을 숫자로 표현하면

외부도형	1	②
내부도형	③	4

이므로

1	②
③	4

A →

③	4
1	②

B →

3	④
①	2

이다.

08

A :

외부도형	①	2
내부도형	③	④

→

2	①
④	③

B :

외부도형	①	2
내부도형	③	④

→

①	2
3	4

 을 숫자로 표현하면

외부도형	1	②
내부도형	③	④

이므로

1	②
③	④

A →

②	1
④	③

B →

②	1
4	3

이다.

09

A :

외부도형	1	2
내부도형	3	4

→

2	1
4	3

B :

외부도형	1	2
내부도형	3	4

→

①	②
3	4

C :

외부도형	1	2
내부도형	3	4

→

1	2
③	④

 을 숫자로 표현하면

외부도형	1	②
내부도형	③	4

이므로

1	②
③	4

A →

②	1
4	③

No / B →

2	①
4	③

이다.

10

정답 ④

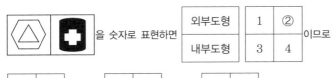

11

정답 ⑤

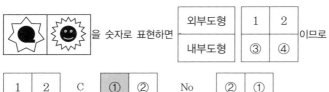

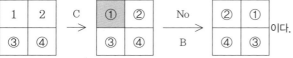

12

A : 시계 방향으로 도형 및 색상 한 칸 이동
B : 색 반전
C : 좌우 방향으로 도형 및 색상 이동

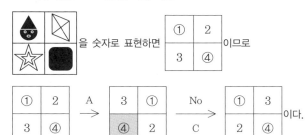

13

A : 시계 방향으로 도형 및 색상 한 칸 이동
B : 색 반전
C : 좌우 방향으로 도형 및 색상 이동

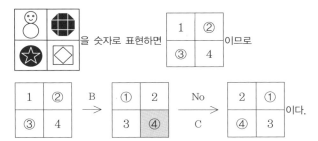

14

A : 색 반전
B : 상하 방향으로 도형 및 색상 이동
C : 반 시계 방향으로 도형 및 색상 두 칸 이동

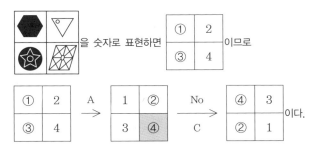

15

A : 색 반전
B : 상하 방향으로 도형 및 색상 이동
C : 반 시계 방향으로 도형 및 색상 두 칸 이동

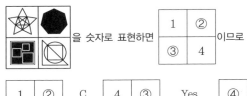 을 숫자로 표현하면

1	②
③	4

이므로

1	②
③	4

$\xrightarrow{C}$

4	③
②	1

$\xrightarrow{\text{Yes}}$
A

④	3
2	①

이다.

KT그룹 종합적성검사 답안지

교시장

성 명

수험번호

감독위원 확인

(인)

언어

언어 · 수추리

수리

도형

※ 본 답안지는 마킹연습용 모의 답안지입니다.

KT그룹 종합적성검사 답안지

언어

번호	①	②	③	④	⑤
1	①	②	③	④	⑤
2	①	②	③	④	⑤
3	①	②	③	④	⑤
4	①	②	③	④	⑤
5	①	②	③	④	⑤
6	①	②	③	④	⑤
7	①	②	③	④	⑤
8	①	②	③	④	⑤
9	①	②	③	④	⑤
10	①	②	③	④	⑤
11	①	②	③	④	⑤
12	①	②	③	④	⑤
13	①	②	③	④	⑤
14	①	②	③	④	⑤
15	①	②	③	④	⑤
16	①	②	③	④	⑤
17	①	②	③	④	⑤
18	①	②	③	④	⑤
19	①	②	③	④	⑤
20	①	②	③	④	⑤

언어 · 수추리

번호	①	②	③	④	⑤
1	①	②	③	④	⑤
2	①	②	③	④	⑤
3	①	②	③	④	⑤
4	①	②	③	④	⑤
5	①	②	③	④	⑤
6	①	②	③	④	⑤
7	①	②	③	④	⑤
8	①	②	③	④	⑤
9	①	②	③	④	⑤
10	①	②	③	④	⑤
11	①	②	③	④	⑤
12	①	②	③	④	⑤
13	①	②	③	④	⑤
14	①	②	③	④	⑤
15	①	②	③	④	⑤
16	①	②	③	④	⑤
17	①	②	③	④	⑤
18	①	②	③	④	⑤
19	①	②	③	④	⑤
20	①	②	③	④	⑤

수리

번호	①	②	③	④	⑤
1	①	②	③	④	⑤
2	①	②	③	④	⑤
3	①	②	③	④	⑤
4	①	②	③	④	⑤
5	①	②	③	④	⑤
6	①	②	③	④	⑤
7	①	②	③	④	⑤
8	①	②	③	④	⑤
9	①	②	③	④	⑤
10	①	②	③	④	⑤
11	①	②	③	④	⑤
12	①	②	③	④	⑤
13	①	②	③	④	⑤
14	①	②	③	④	⑤
15	①	②	③	④	⑤
16	①	②	③	④	⑤
17	①	②	③	④	⑤
18	①	②	③	④	⑤
19	①	②	③	④	⑤
20	①	②	③	④	⑤

도형

번호	①	②	③	④	⑤
1	①	②	③	④	⑤
2	①	②	③	④	⑤
3	①	②	③	④	⑤
4	①	②	③	④	⑤
5	①	②	③	④	⑤
6	①	②	③	④	⑤
7	①	②	③	④	⑤
8	①	②	③	④	⑤
9	①	②	③	④	⑤
10	①	②	③	④	⑤
11	①	②	③	④	⑤
12	①	②	③	④	⑤
13	①	②	③	④	⑤
14	①	②	③	④	⑤
15	①	②	③	④	⑤

교사장

성 명

수 험 번 호

⓪	①	②	③	④	⑤	⑥	⑦	⑧	⑨
⓪	①	②	③	④	⑤	⑥	⑦	⑧	⑨
⓪	①	②	③	④	⑤	⑥	⑦	⑧	⑨
⓪	①	②	③	④	⑤	⑥	⑦	⑧	⑨
⓪	①	②	③	④	⑤	⑥	⑦	⑧	⑨
⓪	①	②	③	④	⑤	⑥	⑦	⑧	⑨
⓪	①	②	③	④	⑤	⑥	⑦	⑧	⑨

감독위원 확인

인

KT그룹 종합적성검사 답안지

교시장

성 명

수험번호

⑩	⑩	⑩	⑩	⑩	⑩	⑩
①	①	①	①	①	①	①
②	②	②	②	②	②	②
③	③	③	③	③	③	③
④	④	④	④	④	④	④
⑤	⑤	⑤	⑤	⑤	⑤	⑤
⑥	⑥	⑥	⑥	⑥	⑥	⑥
⑦	⑦	⑦	⑦	⑦	⑦	⑦
⑧	⑧	⑧	⑧	⑧	⑧	⑧
⑨	⑨	⑨	⑨	⑨	⑨	⑨

감독위원 확인

(인)

언어

1	① ② ③ ④ ⑤
2	① ② ③ ④ ⑤
3	① ② ③ ④ ⑤
4	① ② ③ ④ ⑤
5	① ② ③ ④ ⑤
6	① ② ③ ④ ⑤
7	① ② ③ ④ ⑤
8	① ② ③ ④ ⑤
9	① ② ③ ④ ⑤
10	① ② ③ ④ ⑤
11	① ② ③ ④ ⑤
12	① ② ③ ④ ⑤
13	① ② ③ ④ ⑤
14	① ② ③ ④ ⑤
15	① ② ③ ④ ⑤
16	① ② ③ ④ ⑤
17	① ② ③ ④ ⑤
18	① ② ③ ④ ⑤
19	① ② ③ ④ ⑤
20	① ② ③ ④ ⑤

언어 · 수리

1	① ② ③ ④ ⑤
2	① ② ③ ④ ⑤
3	① ② ③ ④ ⑤
4	① ② ③ ④ ⑤
5	① ② ③ ④ ⑤
6	① ② ③ ④ ⑤
7	① ② ③ ④ ⑤
8	① ② ③ ④ ⑤
9	① ② ③ ④ ⑤
10	① ② ③ ④ ⑤
11	① ② ③ ④ ⑤
12	① ② ③ ④ ⑤
13	① ② ③ ④ ⑤
14	① ② ③ ④ ⑤
15	① ② ③ ④ ⑤
16	① ② ③ ④ ⑤
17	① ② ③ ④ ⑤
18	① ② ③ ④ ⑤
19	① ② ③ ④ ⑤
20	① ② ③ ④ ⑤

수리

1	① ② ③ ④ ⑤
2	① ② ③ ④ ⑤
3	① ② ③ ④ ⑤
4	① ② ③ ④ ⑤
5	① ② ③ ④ ⑤
6	① ② ③ ④ ⑤
7	① ② ③ ④ ⑤
8	① ② ③ ④ ⑤
9	① ② ③ ④ ⑤
10	① ② ③ ④ ⑤
11	① ② ③ ④ ⑤
12	① ② ③ ④ ⑤
13	① ② ③ ④ ⑤
14	① ② ③ ④ ⑤
15	① ② ③ ④ ⑤
16	① ② ③ ④ ⑤
17	① ② ③ ④ ⑤
18	① ② ③ ④ ⑤
19	① ② ③ ④ ⑤
20	① ② ③ ④ ⑤

도형

1	① ② ③ ④ ⑤
2	① ② ③ ④ ⑤
3	① ② ③ ④ ⑤
4	① ② ③ ④ ⑤
5	① ② ③ ④ ⑤
6	① ② ③ ④ ⑤
7	① ② ③ ④ ⑤
8	① ② ③ ④ ⑤
9	① ② ③ ④ ⑤
10	① ② ③ ④ ⑤
11	① ② ③ ④ ⑤
12	① ② ③ ④ ⑤
13	① ② ③ ④ ⑤
14	① ② ③ ④ ⑤
15	① ② ③ ④ ⑤

※ 본 답안지는 마킹연습용 모의 답안지입니다.

KT그룹 종합적성검사 답안지

언어

1	①	②	③	④	⑤
2	①	②	③	④	⑤
3	①	②	③	④	⑤
4	①	②	③	④	⑤
5	①	②	③	④	⑤
6	①	②	③	④	⑤
7	①	②	③	④	⑤
8	①	②	③	④	⑤
9	①	②	③	④	⑤
10	①	②	③	④	⑤
11	①	②	③	④	⑤
12	①	②	③	④	⑤
13	①	②	③	④	⑤
14	①	②	③	④	⑤
15	①	②	③	④	⑤
16	①	②	③	④	⑤
17	①	②	③	④	⑤
18	①	②	③	④	⑤
19	①	②	③	④	⑤
20	①	②	③	④	⑤

언어 · 수추리

1	①	②	③	④	⑤
2	①	②	③	④	⑤
3	①	②	③	④	⑤
4	①	②	③	④	⑤
5	①	②	③	④	⑤
6	①	②	③	④	⑤
7	①	②	③	④	⑤
8	①	②	③	④	⑤
9	①	②	③	④	⑤
10	①	②	③	④	⑤
11	①	②	③	④	⑤
12	①	②	③	④	⑤
13	①	②	③	④	⑤
14	①	②	③	④	⑤
15	①	②	③	④	⑤
16	①	②	③	④	⑤
17	①	②	③	④	⑤
18	①	②	③	④	⑤
19	①	②	③	④	⑤
20	①	②	③	④	⑤

수리

1	①	②	③	④	⑤
2	①	②	③	④	⑤
3	①	②	③	④	⑤
4	①	②	③	④	⑤
5	①	②	③	④	⑤
6	①	②	③	④	⑤
7	①	②	③	④	⑤
8	①	②	③	④	⑤
9	①	②	③	④	⑤
10	①	②	③	④	⑤
11	①	②	③	④	⑤
12	①	②	③	④	⑤
13	①	②	③	④	⑤
14	①	②	③	④	⑤
15	①	②	③	④	⑤
16	①	②	③	④	⑤
17	①	②	③	④	⑤
18	①	②	③	④	⑤
19	①	②	③	④	⑤
20	①	②	③	④	⑤

도형

1	①	②	③	④	⑤
2	①	②	③	④	⑤
3	①	②	③	④	⑤
4	①	②	③	④	⑤
5	①	②	③	④	⑤
6	①	②	③	④	⑤
7	①	②	③	④	⑤
8	①	②	③	④	⑤
9	①	②	③	④	⑤
10	①	②	③	④	⑤
11	①	②	③	④	⑤
12	①	②	③	④	⑤
13	①	②	③	④	⑤
14	①	②	③	④	⑤
15	①	②	③	④	⑤

※ 본 답안지는 마킹연습용 모의 답안지입니다.

교사장

성 명

수험번호

⓪	①	②	③	④	⑤	⑥	⑦	⑧	⑨
⓪	①	②	③	④	⑤	⑥	⑦	⑧	⑨
⓪	①	②	③	④	⑤	⑥	⑦	⑧	⑨
⓪	①	②	③	④	⑤	⑥	⑦	⑧	⑨
⓪	①	②	③	④	⑤	⑥	⑦	⑧	⑨
⓪	①	②	③	④	⑤	⑥	⑦	⑧	⑨
⓪	①	②	③	④	⑤	⑥	⑦	⑧	⑨

감독위원 확인

인

고사장

성 명

수험번호

감독위원 확인

인

언어	언어·수리	수리	도형

※ 본 답안지는 마킹연습용 모의 답안지입니다.

KT그룹 종합적성검사 답안지

언어

번호	①	②	③	④	⑤
1	①	②	③	④	⑤
2	①	②	③	④	⑤
3	①	②	③	④	⑤
4	①	②	③	④	⑤
5	①	②	③	④	⑤
6	①	②	③	④	⑤
7	①	②	③	④	⑤
8	①	②	③	④	⑤
9	①	②	③	④	⑤
10	①	②	③	④	⑤
11	①	②	③	④	⑤
12	①	②	③	④	⑤
13	①	②	③	④	⑤
14	①	②	③	④	⑤
15	①	②	③	④	⑤
16	①	②	③	④	⑤
17	①	②	③	④	⑤
18	①	②	③	④	⑤
19	①	②	③	④	⑤
20	①	②	③	④	⑤

언어·수추리

번호	①	②	③	④	⑤
1	①	②	③	④	⑤
2	①	②	③	④	⑤
3	①	②	③	④	⑤
4	①	②	③	④	⑤
5	①	②	③	④	⑤
6	①	②	③	④	⑤
7	①	②	③	④	⑤
8	①	②	③	④	⑤
9	①	②	③	④	⑤
10	①	②	③	④	⑤
11	①	②	③	④	⑤
12	①	②	③	④	⑤
13	①	②	③	④	⑤
14	①	②	③	④	⑤
15	①	②	③	④	⑤
16	①	②	③	④	⑤
17	①	②	③	④	⑤
18	①	②	③	④	⑤
19	①	②	③	④	⑤
20	①	②	③	④	⑤

수리

번호	①	②	③	④	⑤
1	①	②	③	④	⑤
2	①	②	③	④	⑤
3	①	②	③	④	⑤
4	①	②	③	④	⑤
5	①	②	③	④	⑤
6	①	②	③	④	⑤
7	①	②	③	④	⑤
8	①	②	③	④	⑤
9	①	②	③	④	⑤
10	①	②	③	④	⑤
11	①	②	③	④	⑤
12	①	②	③	④	⑤
13	①	②	③	④	⑤
14	①	②	③	④	⑤
15	①	②	③	④	⑤
16	①	②	③	④	⑤
17	①	②	③	④	⑤
18	①	②	③	④	⑤
19	①	②	③	④	⑤
20	①	②	③	④	⑤

도형

번호	①	②	③	④	⑤
1	①	②	③	④	⑤
2	①	②	③	④	⑤
3	①	②	③	④	⑤
4	①	②	③	④	⑤
5	①	②	③	④	⑤
6	①	②	③	④	⑤
7	①	②	③	④	⑤
8	①	②	③	④	⑤
9	①	②	③	④	⑤
10	①	②	③	④	⑤
11	①	②	③	④	⑤
12	①	②	③	④	⑤
13	①	②	③	④	⑤
14	①	②	③	④	⑤
15	①	②	③	④	⑤

교사장

성명

수험번호

⓪	①	②	③	④	⑤	⑥	⑦	⑧	⑨
⓪	①	②	③	④	⑤	⑥	⑦	⑧	⑨
⓪	①	②	③	④	⑤	⑥	⑦	⑧	⑨
⓪	①	②	③	④	⑤	⑥	⑦	⑧	⑨
⓪	①	②	③	④	⑤	⑥	⑦	⑧	⑨
⓪	①	②	③	④	⑤	⑥	⑦	⑧	⑨
⓪	①	②	③	④	⑤	⑥	⑦	⑧	⑨

감독위원 확인

인

KT그룹 종합적성검사 답안지

교사장

성 명

수험번호

⑩ ① ② ③ ④ ⑤ ⑥ ⑦ ⑧ ⑨
⑩ ① ② ③ ④ ⑤ ⑥ ⑦ ⑧ ⑨
⑩ ① ② ③ ④ ⑤ ⑥ ⑦ ⑧ ⑨
⑩ ① ② ③ ④ ⑤ ⑥ ⑦ ⑧ ⑨
⑩ ① ② ③ ④ ⑤ ⑥ ⑦ ⑧ ⑨
⑩ ① ② ③ ④ ⑤ ⑥ ⑦ ⑧ ⑨
① ② ③ ④ ⑤ ⑥ ⑦ ⑧ ⑨

감독위원 확인

(인)

	언어		언어·수추리		수리		도형	
1	① ② ③ ④ ⑤	1	① ② ③ ④ ⑤	1	① ② ③ ④ ⑤	1	① ② ③ ④ ⑤
2	① ② ③ ④ ⑤	2	① ② ③ ④ ⑤	2	① ② ③ ④ ⑤	2	① ② ③ ④ ⑤
3	① ② ③ ④ ⑤	3	① ② ③ ④ ⑤	3	① ② ③ ④ ⑤	3	① ② ③ ④ ⑤
4	① ② ③ ④ ⑤	4	① ② ③ ④ ⑤	4	① ② ③ ④ ⑤	4	① ② ③ ④ ⑤
5	① ② ③ ④ ⑤	5	① ② ③ ④ ⑤	5	① ② ③ ④ ⑤	5	① ② ③ ④ ⑤
6	① ② ③ ④ ⑤	6	① ② ③ ④ ⑤	6	① ② ③ ④ ⑤	6	① ② ③ ④ ⑤
7	① ② ③ ④ ⑤	7	① ② ③ ④ ⑤	7	① ② ③ ④ ⑤	7	① ② ③ ④ ⑤
8	① ② ③ ④ ⑤	8	① ② ③ ④ ⑤	8	① ② ③ ④ ⑤	8	① ② ③ ④ ⑤
9	① ② ③ ④ ⑤	9	① ② ③ ④ ⑤	9	① ② ③ ④ ⑤	9	① ② ③ ④ ⑤
10	① ② ③ ④ ⑤	10	① ② ③ ④ ⑤	10	① ② ③ ④ ⑤	10	① ② ③ ④ ⑤
11	① ② ③ ④ ⑤	11	① ② ③ ④ ⑤	11	① ② ③ ④ ⑤	11	① ② ③ ④ ⑤
12	① ② ③ ④ ⑤	12	① ② ③ ④ ⑤	12	① ② ③ ④ ⑤	12	① ② ③ ④ ⑤
13	① ② ③ ④ ⑤	13	① ② ③ ④ ⑤	13	① ② ③ ④ ⑤	13	① ② ③ ④ ⑤
14	① ② ③ ④ ⑤	14	① ② ③ ④ ⑤	14	① ② ③ ④ ⑤	14	① ② ③ ④ ⑤
15	① ② ③ ④ ⑤	15	① ② ③ ④ ⑤	15	① ② ③ ④ ⑤	15	① ② ③ ④ ⑤
16	① ② ③ ④ ⑤	16	① ② ③ ④ ⑤	16	① ② ③ ④ ⑤		
17	① ② ③ ④ ⑤	17	① ② ③ ④ ⑤	17	① ② ③ ④ ⑤		
18	① ② ③ ④ ⑤	18	① ② ③ ④ ⑤	18	① ② ③ ④ ⑤		
19	① ② ③ ④ ⑤	19	① ② ③ ④ ⑤	19	① ② ③ ④ ⑤		
20	① ② ③ ④ ⑤	20	① ② ③ ④ ⑤	20	① ② ③ ④ ⑤		

〈절취선〉

※ 본 답안지는 마킹연습용 모의 답안지입니다.

KT그룹 종합적성검사 답안지

언어

문번					
1	①	②	③	④	⑤
2	①	②	③	④	⑤
3	①	②	③	④	⑤
4	①	②	③	④	⑤
5	①	②	③	④	⑤
6	①	②	③	④	⑤
7	①	②	③	④	⑤
8	①	②	③	④	⑤
9	①	②	③	④	⑤
10	①	②	③	④	⑤
11	①	②	③	④	⑤
12	①	②	③	④	⑤
13	①	②	③	④	⑤
14	①	②	③	④	⑤
15	①	②	③	④	⑤
16	①	②	③	④	⑤
17	①	②	③	④	⑤
18	①	②	③	④	⑤
19	①	②	③	④	⑤
20	①	②	③	④	⑤

언어 · 수추리

문번					
1	①	②	③	④	⑤
2	①	②	③	④	⑤
3	①	②	③	④	⑤
4	①	②	③	④	⑤
5	①	②	③	④	⑤
6	①	②	③	④	⑤
7	①	②	③	④	⑤
8	①	②	③	④	⑤
9	①	②	③	④	⑤
10	①	②	③	④	⑤
11	①	②	③	④	⑤
12	①	②	③	④	⑤
13	①	②	③	④	⑤
14	①	②	③	④	⑤
15	①	②	③	④	⑤
16	①	②	③	④	⑤
17	①	②	③	④	⑤
18	①	②	③	④	⑤
19	①	②	③	④	⑤
20	①	②	③	④	⑤

수리

문번					
1	①	②	③	④	⑤
2	①	②	③	④	⑤
3	①	②	③	④	⑤
4	①	②	③	④	⑤
5	①	②	③	④	⑤
6	①	②	③	④	⑤
7	①	②	③	④	⑤
8	①	②	③	④	⑤
9	①	②	③	④	⑤
10	①	②	③	④	⑤
11	①	②	③	④	⑤
12	①	②	③	④	⑤
13	①	②	③	④	⑤
14	①	②	③	④	⑤
15	①	②	③	④	⑤
16	①	②	③	④	⑤
17	①	②	③	④	⑤
18	①	②	③	④	⑤
19	①	②	③	④	⑤
20	①	②	③	④	⑤

도형

문번					
1	①	②	③	④	⑤
2	①	②	③	④	⑤
3	①	②	③	④	⑤
4	①	②	③	④	⑤
5	①	②	③	④	⑤
6	①	②	③	④	⑤
7	①	②	③	④	⑤
8	①	②	③	④	⑤
9	①	②	③	④	⑤
10	①	②	③	④	⑤
11	①	②	③	④	⑤
12	①	②	③	④	⑤
13	①	②	③	④	⑤
14	①	②	③	④	⑤
15	①	②	③	④	⑤

고사장

성 명

수험번호

⓪	①	②	③	④	⑤	⑥	⑦	⑧	⑨
⓪	①	②	③	④	⑤	⑥	⑦	⑧	⑨
⓪	①	②	③	④	⑤	⑥	⑦	⑧	⑨
⓪	①	②	③	④	⑤	⑥	⑦	⑧	⑨
⓪	①	②	③	④	⑤	⑥	⑦	⑧	⑨
⓪	①	②	③	④	⑤	⑥	⑦	⑧	⑨
⓪	①	②	③	④	⑤	⑥	⑦	⑧	⑨

감독위원 확인

인

2024 하반기 시대에듀 All-New KT그룹
온라인 종합적성검사 최종모의고사 5회분 + 무료KT특강

개정11판1쇄 발행	2024년 09월 20일 (인쇄 2024년 08월 22일)
초 판 발 행	2019년 04월 05일 (인쇄 2019년 03월 08일)
발 행 인	박영일
책 임 편 집	이해욱
편 저	SDC(Sidae Data Center)
편 집 진 행	안희선 · 정수현
표지디자인	하연주
편집디자인	양혜련 · 장성복
발 행 처	(주)시대고시기획
출 판 등 록	제10-1521호
주 소	서울시 마포구 큰우물로 75 [도화동 538 성지 B/D] 9F
전 화	1600-3600
팩 스	02-701-8823
홈 페 이 지	www.sdedu.co.kr

I S B N	979-11-383-7644-0 (13320)
정 가	18,000원

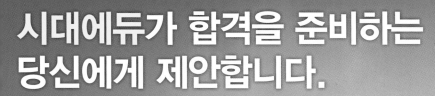

시대에듀

대기업 인적성검사 시리즈

신뢰와 책임의 마음으로 수험생 여러분에게 다가갑니다.

대기업 인적성 "기본서" 시리즈

대기업 취업 기초부터 합격까지! 취업의 문을 여는
Master Key!

앞선 정보 제공! 도서 업데이트

언제, 왜 업데이트될까?

도서의 학습 효율을 높이기 위해 자료를 추가로 제공할 때!
공기업 · 대기업 필기시험에 변동사항 발생 시 정보 공유를 위해!
공기업 · 대기업 채용 및 시험 관련 중요 이슈가 생겼을 때!

01 시대에듀 도서
www.sdedu.co.kr/book
홈페이지 접속

02 상단 카테고리
「도서업데이트」
클릭

03 해당
기업명으로
검색

참고자료, 시험 개정사항 등 정보 제공으로 학습효율을 높여 드립니다.